W0046723

Frieda Jung in jüngeren Jahren
(Bild aus „Neue Gedichte", fünfte Auflage, vor 1916)

Frieda Jung

In der Morgensonne

Kindheitserinnerungen

Husum

Umschlagbild: Alexander Kolde, Landschaft, Öl auf Leinwand, um 1913
Mit freundlicher Erlaubnis von Berta und Katharina Kolde, Hamburg.

Bibliografische Information der Deutschen Nationalbibliothek

Die Deutsche Nationalbibliothek verzeichnet diese Publikation in der
Deutschen Nationalbibliografie; detaillierte bibliografische Daten sind im
Internet über http://dnb.d-nb.de abrufbar.

Mit Originalzeichnungen von Paul Lenk und Berta Martin
Abgeschrieben und mit zusätzlichen Fußnoten und einer Karte versehen
von Günther Lotzkat 2009

© 2011 by Husum Druck- und Verlagsgesellschaft mbH u. Co. KG,
  Husum
Gesamtherstellung: Husum Druck- und Verlagsgesellschaft
Postfach 1480, D-25804 Husum – www.verlagsgruppe.de
ISBN 978-3-89876-562-6

Zwei Worte zuvor

Frieda Jung wurde am 4. Juni 1865 in Kiaulkehmen (1935 in Jungort umbenannt) im Kreis Gumbinnen in Ostpreußen geboren. Ihr Vater war dort Lehrer an der einklassigen Grundschule (etwa 20 Kinder aller acht Jahrgänge). Sie hatte eine behütete Kindheit voller Liebe, aber auch Schweres (eigene Krankheit, Tod eines gleichaltrigen Freundes) blieb ihr nicht erspart. Als sie 16 Jahre alt war, wurde der Vater schwer krank und sie vertrat ihn erfolgreich für etwa neun Monate als Lehrerin. Nach dem Tod des Vaters verließ ihre Mutter mit ihr und der älteren Schwester das Heimatdorf.

Nach verschiedenen Zwischenstationen machte Frieda Jung eine Ausbildung in einem Kindergarten und wurde anschließend Erzieherin der jüngeren Kinder in verschiedenen Häusern. Als sie diese Tätigkeit aus gesundheitlichen Gründen aufgeben musste, fand sie eine Stelle als Gesellschafterin einer sehr lieben alten Dame. Diese war die Erste, der sie ihre Gedichte vortrug. Die Dame war begeistert, ermunterte und förderte Frieda nach Kräften, und so kam es 1900 zur Herausgabe des ersten Gedichtbandes, der noch im gleichen Jahr die dritte Auflage erlebte.

Nach dem Tod der alten Dame ließ Frieda Jung sich als freie Schriftstellerin in Buddern nieder, wo ihre verheiratete Schwester lebte. Hier entstanden weitere Bände mit Gedichten und Erzählungen. 1912 konnte sie sich ein eigenes Haus bauen. Beim Russeneinfall 1914 musste sie fliehen; Buddern wurde wie der ganze südöstliche Teil Ostpreußens fast völlig zerstört. Um für den Wiederaufbau der Provinz Gelder zu sammeln, reiste Frieda Jung durch Mitteldeutschland und hielt Lesungen und Vorträge, bis ihre Stimme versagte und sie nach Bad Reichenhall zur Kur musste.

Nach dem Krieg wohnte sie in Insterburg; die Stadt (die meine Heimatstadt ist) verlieh ihr die Ehrenbürgerschaft. Frieda Jung starb am 14. Dezember 1929 und wurde auf dem Neuen Friedhof beerdigt. – Heute ist von ihrem Grab keine Spur mehr zu finden; der Friedhof ist eine Wildnis.

Als ich vor einiger Zeit wieder einmal in Frieda Jungs „Morgensonne" blätterte und las, wurde mir bewusst, wie interessant und herrlich anrührend die Kindheitserinnerungen immer noch sind. Und das hundert Jahre später! Denn unter dem in vielen Auflagen erschienenen Band – schon 1929 kam das 29.–33. Tausend heraus, letzte Ausgabe 1941! – hatte die ostpreußische Dichterin ihr Vorwort mit „Buddern, Ostpr., im November 1910" unterschrieben.

Es ist doch sehr traurig, dass das Werk Frieda Jungs so völlig im Schatten der Vergangenheit versinkt. Ihre Bücher sind nicht mehr erhältlich, es sei denn mit viel Glück antiquarisch im Internet. Aber dann ist die alte Schrift von der heutigen Generation nur mit Mühe zu entziffern. Klaus Marczinowski hat mit seinem Buch „Frieda Jung, Leben und Werk" die Dichterin an das Licht der Gegenwart geholt. Das brachte mich auf den Gedanken, selbst auch etwas in dieser Richtung zu tun, zumal Frieda eine Kusine meiner Großmutter war. Und so machte ich mich daran, das Buch „In der Morgensonne" abzuschreiben. Dabei habe ich den Text nach den neuen Regeln der Rechtschreibung korrigiert. In einigen Fällen habe ich zusätzliche Fußnoten einfügen müssen, wo die Bedeutung der von Frieda Jung gewählten Worte nicht mehr bekannt ist. Außerdem habe ich eine Übersichtskarte angefügt, um zu dokumentieren, wo die Geschichte spielt. Kiaulkehmen und Insterburg (Tschernjachowsk) liegen im heute russischen, Buddern (Budry) liegt im polnischen Teil Ostpreußens.

Ich danke Herrn Eberhard Jung – er ist ein Großneffe von Frieda – für seine freundliche Mithilfe.

Nun wünsche ich allen Leserinnen und Lesern ein paar frohe Stunden!

Garbsen, im November 2010
Günther Lotzkat

Vorwort

Zwei singende Kinder bei der Kartoffelernte sind schuld an diesem Büchlein. –

Ich saß an der Giebelwand meines Häuschens[1], da, wo man über Felder und Wiesen nach der Skalischer Forst sieht und wo die beiden schmalen, weißen Brücken der Goldap herüberleuchten.

Auf dem Acker neben meinem Gärtchen sah ich ein paar Frauen ihre blanken Forken in die Erde stoßen und die gelblichen Knollen, die sie aus ihr herausholten, mit der so oft gesehenen sichern Armbewegung auf die Mitte des Beetes werfen. Zwei Kinder in verschossenen Alltagskittelchen gingen fröhlich hinter ihnen her und warfen die Kartoffeln in den großen Weidenkorb, den sie von Zeit zu Zeit bei den Henkeln ergriffen und weiterstellten.

„Im schönsten Wiesengrunde
Liegt meiner Heimat Haus …!"

Wie ein verspätetes Lerchenlied flog der Kindergesang in die blaue Luft. –

Ich senkte den Blick auf mein halb beschriebenes Briefblatt, aber es war, als ob ihn etwas gewaltsam in die Höhe zog.

Die beiden fröhlichen Kinder dort …! Und ihr Lied …! Und der Ton, mit dem die reifen Erdfrüchte in ihren Korb fielen …! Er klang mir plötzlich wie das leise, traute Anpochen einer Freundin.

„Herein!", bat ich ebenso leise.

Und in der geöffneten Tür meiner Seele stand – die Erinnerung.

---

1 *In Buddern bei Angersburg (G. L.)*

7

„Wie lang ist's her", sagte sie lächelnd, „dass du selbst so mit den Schwestern …!"

Ich war bereits aufgesprungen und breitete beide Arme aus. „Und unser Erntefeuer brannte – und wir saßen auf den umgestürzten, gefüllten Säcken und sahen zusammen in den blauen Rauch!"

Die Freundin nickte. „Wenn du willst – es ist jetzt Reisezeit …!" Eine Schar wilder Gänse flog rauschend über unserem Haupt dahin.

„Oh – ob ich will!"

„Und wohin soll's gehn?"

„Im schönsten Wiesengrunde liegt meiner Heimat Haus! In mein Kinderland – in die Morgensonne!" –

So ist mein Büchlein entstanden. Zwei singende Kinder sind schuld daran.

Buddern, Ostpr., im November 1910
Frieda Jung

Sonnenaufgang

Unser Haus war das erste im Dorf – und das gehörte sich auch so, denn es war das Schulhaus. Wenn man von Nemmersdorf oder Kollatischken kam, dann lag es gleich links vom Weg und sah einen mit seinem Giebelfenster treuherzig an.

Mir passte das nicht immer. Es ist nicht angenehm, wenn ein Haus nach allen Seiten hin Fenster hat; man kann auf keinen Baum in Ruhe klettern – und dass ich das einzige Mal in meinem Leben der Base Lina, die mich immer neckte, die Zunge ausgestreckt, ist auch nur auf diese Weise herausgekommen.

Das Dach unseres Hauses war ganz bemoost und hing weit und zutraulich über die niederen Wände herab. Wenn es regnete, war es herrlich, darunter zu stehen und dem Regen ein Schnippchen zu schlagen. Im Innern des Hauses gab es eine „schwarze Küche" mit offenem Schornstein und außer der Schulstube zwei Stübchen, die Herr Pfarrer Dewitz unsere Privatwohnung nannte. Das gefiel mir ungeheuer, es war, als wenn unsere Stuben einen schönen Vornamen bekommen hätten. Ja, wer mal so ans Taufen gewöhnt ist …!

Entzückend waren unsere Türschwellen. Sie waren so hoch wie kleine Bänkchen und wurden von mir auch als solche benutzt. Sie hatten außerdem die Eigenschaft, erzieherisch zu wirken, denn sobald man darauf saß, hieß es aufmerken – wenn die Tür unversehens aufgemacht wurde, pardauz, lag man auf dem Rücken und zappelte mit den Beinchen in der Luft.

Eine andere wundervolle Sitzgelegenheit war die Schublade von dem rot gestrichenen Schaff[2] in der Wohnstube. Sie wurde ein Stück herausgezogen und dann saß man auf den alten Kleidungs- und Wäschestücken, die darin aufbewahrt wurden, wie auf einem kleinen Sofa. Rückenlehne, Polster – alles vorhanden. Sonst gab es bei uns nur rot gestrichene Holzstühle, die in der Lehne einen herzförmigen Ausschnitt hatten. Die waren außerdem aber auch noch zum Versteckspielen da. Man stand von der hohen Lehne völlig verdeckt – kein Mensch konnte einen gewahr werden – und sah durch das Herzguckloch, wie die anderen sich halb tot suchten. Vater konnte es besonders gut. Er schoss in der Stube umher, dass ihm die Rockschöße flogen, und setzte sich endlich ganz zufällig auf den Stuhl, hinter dem man stand. Dann eine Gänsefeder oder einen Strohhalm leise, leise ans Ohr oder in die Halsbinde – und die Stube dröhnte von Schreckensrufen, Jubelgeschrei und Wiedersehensfreude. – Auch zum Küssen wurden die Stühle benutzt, aber es war durch das Guckloch mühsam, ich habe mir dabei einmal einen Mausezahn herausgedrückt.

---

2 Schrank

Dicht vor unserm Bett – ich schlief bei Mutterchen – war die „Kartoffelkaule". Man fasste an den eisernen Ring, der an der Diele befestigt war, und hob diese auf. Dann gähnte es einem schwarz entgegen. „Kartoffel einlesen" gehörte durchaus nicht zu meinen Lieblingsbeschäftigungen. Und wenn ich es trotzdem immer s i n g e n d tat, so war das nicht aus Liebe zur Sache, sondern aus Angst vor den schwarzen Ecken da unten. Licht anzustecken wäre ja eine große Verschwendung gewesen. So musste man die Arbeit in den Fingern haben wie beim Harfenspiel. Zum Krillen[3] nimmt man die kleinsten, zum Schrapen[4] die mittleren, zum Reiben die größten Kartoffeln, das wissen auch Minderbegabte. Aber die Ausführung fordert guten Willen.

Ich hatte ihn nicht immer. Auch nach anderen Richtungen hatte ich ihn nicht immer. Dann nannten mich die Eltern schlechtweg „Wegners Trine" und behandelten mich mit verletzender Kälte. Was hatten sie mit Wegners Trine zu tun? Ja, das waren noch hübsche Zeiten gewesen, als ihre Friedel so lieb und artig in der Stube herumgesprungen! Es schien ihnen allen sehr leid zu tun, dass Friedel weg war, kein bisschen Lachen wollte aufkommen. Schließlich konnte ich's nicht mehr aushalten. Zum Äußersten entschlossen lief ich zur Türe. „Wegners Trine raus", kommandierte ich mehr laut als klangvoll. Und nun kam ein schönes Wiedersehen mit der so schmerzlich entbehrten kleinen Friedel. Mutterchen nahm mich sofort auf den Schoß. Wir lachten uns an, und ich streichelte ihr das kohlschwarze Haar, das zu beiden Seiten ihres schmalen Gesichts so glatt heruntergekämmt war, dass einer sich drin spiegeln konnte.

Auf diese Weise kam ich fast nie mit dem braunen Birkenreis in Berührung, das hinter dem Spiegel steckte und so grässlich aussah. Sehr, wirklich sehr grässlich. Da half nicht einmal die rote Schleife, die Hanna aus einem Streifchen Purpurkattun um den Stiel gebunden.

---

3 Mit der Schale kochen
4 Schälen

Überhaupt – Birkenreiser sahen nur um die Pfingstzeit nach etwas aus. Dann hatten sie ganz helle grüne Blättchen, die der liebe Gott direkt unter seinen Augen hatte wachsen lassen. Und sie durften mit dem Winde spielen, so lange sie wollten.

Die Pfingstzeit war übrigens sowieso fein. Dann hatte ich Geburtstag. Der Storch hatte mich einmal grad an einem Pfingstsonntag Mutterchen auf das bunt gewürfelte Kissen gelegt, als sie gar nicht mehr auf Besuch gerechnet hatte. Davon rührte mein Geburtstag her. Er ähnelte ein bisschen einem Sonntag, die Dielen waren dann mit weißem Sand und Kalmus bestreut, und ein bisschen nach Weihnachten, denn ich bekam etwas geschenkt. Das Schönste, was ich einmal bekam, waren zwölf goldene Sterne, die mir mein Soldatenbruder, der siebzehn Jahre älter war als ich, geschickt. Die Schwestern nannten sie Kotillonorden, wussten aber auch nicht, was das bedeutete. Als ich beim nächsten Besuch des Bruders ihn fragte, ob er sich die Sterne vom Himmel geholt, lächelte er gerade so, als ob er träumte, und sagte: „Ja, ja – vom Himmel!" Und dann nahm er mir den einen wieder weg.

Mit dem Himmel wusste ich überhaupt gut Bescheid und mit dem lieben Gott auch. Der liebe Gott behütete mich vor zu großen Beulen an der Stirn, und wenn ich alleine einschlafen sollte und das Handtuch so weiß durch die Dunkelheit schien, und vor Matthees' Turkus, der immer so wütend bellte, wenn ich vorbeilief. Er ließ, wie schon gesagt, die Birkenblättchen wachsen und schien überhaupt viel zu arbeiten. Die roten Erdbeeren, die man sich wie Perlen auf Schmielen[5] zog, und die Kirschen und Honigbirnen in unserem Garten hatte er auch gemacht. Auch hatte er unsere Schwalben das Zwitschern gelehrt und die Angerapp das lustige Springen über die Steine. Bloß während des Gewitters, da half ihm unsere große Pappel, die vor der Türe stand, das Dorf behüten, denn ich hatte es schon mehrere Male von Vater gehört, dass sie unser Blitzableiter sei. – Ich

---

5 *Die Stengel der Grasblüten*

betete immer sehr gern, und Beten war das Leichteste, was es geben konnte. Man legte dem lieben Gott gewissermaßen die Ärmchen um den Hals und sagte: „Lieber, lieber Vater!" Und das bedeutete, dass man ihn so lieb habe wie Vaterchen. Meine Schwester Hanna sagte: „N o c h   l i e b e r ...!" Aber das war wohl bloß gespaßt.

Übrigens damit, dass Nickeleits Lude von Dawideits die schwarzbunte Kuh gestohlen hatte, damit hatte der liebe Gott nichts zu tun gehabt. Das hatte der Teufel gemacht. Von dem wusste die Hermann'sche im Loshaus viel Schreckliches zu erzählen – einem standen immer die Haare zu Berge. Die Eltern kannten den Teufel nicht. Schade!

Manchmal passierte bei uns etwas Großes. Wir saßen in der Stube und dachten an gar nichts. Auf einmal hieß es: „Der Sperling ist da, der Sperling ist da!" Das war aber nicht ein Sperling mit Federn! Das heißt, ja – Federn hatte er, aber in einer Tonne! Doch fliegen konnte er nicht, denn er w a r kein Sperling, er h i e ß bloß so. Und jetzt war er wieder da – jetzt war er wieder da!

Er saß in seinem großen Planwagen auf einem Bündel Stroh. Hinter ihm lag allerlei Gräuliches – Lumpen, Felle, Knochen –, von dem man nicht begreifen konnte, warum der alte Sperling so schöne Sachen dafür gab. Vor ihm aber standen Wannen mit Heringen und grüner Seife, nun, daraus machte einer sich noch nicht so viel. Aber der große Sack mit Semmeln! Und der Kasten, der Kasten! Wenn man von dem Kasten nur ein Eckchen erblickte, schlug einem das Herz bis in den Hals, denn man wusste noch vom vorigen Mal, was darin war. Auf der einen Seite Lakritzen, Gerstenzucker, Johannisbrot und Süßholz, auf der anderen Seite „dickkoppsche" Stecknadeln – nichts als dickkoppsche Stecknadeln! Die waren das Wunderbarste, was es auf der Welt gab, und hießen darum so, weil sie dicke Köpfe hatten, blaue, gelbe, schwarze; manche hatten sogar ein Vögelchen als „Kopf". Die Prinzessinnen, Feen und Elfen in unseren Märchen hatten sicher auch alle ihre Schleier und Gewänder mit solchen dickkoppschen Stecknadeln zusammengesteckt, darum ließ es ihnen wohl so wundervoll.

Wenn der Wagen vor der Tür hielt, schlug ich gleich einen Purzelbaum, was mir eigentlich verboten war. Und dann hinauf auf die Lucht[6]. „Mutterchen dies?" „Nein, das is noch zu schade!" „O je! Na denn aber dies – und das – und das!" Meine Schwester Martha hatte immer das größte Bündel, aber Mutterchen nahm ihr meistens noch etwas weg. „Wo denkst du hin? Das is noch 'n guter Rock!"

Schließlich hatte aber doch jeder ein ganz nettes Päckchen unter dem Arm. Wenn man jetzt nur schnell herangekommen wäre! Doch nun stand schon das ganze Dorf um den Wagen, ich konnte mich auf den Zehenspitzen recken, wie ich wollte …

Endlich kam der Vater, nahm mich auf den Arm und half mir beim Handel. „Zwei Stangen Süßholz, vier Lakritzen und eine Dickkoppsche", forderte er und lachte so vergnügt, dass ich seine weißen Zähne blitzen sah.

„Gott der Gerechte, nu fängt auch noch der Herr Lehrer an, ausverschämt zu werden. Werd ich geben a i n e Stange Sißholz, a i n e Lakritzen und k a i n e Dickkoppsche!"

Aber zuletzt gab er doch das, was Vater gefordert, denn der hatte auf mein Bündelchen noch einen halben Dittchen[7] gelegt. –

Dass in unserem Hause eine Schulstube war, habe ich schon gesagt. Und dass darin viel Kinder saßen, versteht sich von selbst. Ganz oben saß unsere Hanna, die nächstens eingesegnet werden sollte. Die wusste alles, was es auf der Welt gab. Sie war aber mit ihren Gedanken immer „woanders", und ich bekam manchmal den Eindruck, dass das nicht gut sei. Martha, die fünf Jahre jünger war, hatte ihren Platz auf der dritten Bank. Sie unterhielt einen lebhaften Verkehr und Tauschhandel nach oben und unten

---

6 *Dachboden*
7 *Dittchen = 10-Pfennigstück, halber Dittchen = 5-Pfennigstück; Kaufkraft damals (1870) vielleicht wie 50 Eurocent heute (2010) (G. L.)*

und hatte die Gewohnheit, zu schwatzen. Wenn einer so still auf der Türschwelle saß, bemerkte man das alles.

Ich war noch nicht sechs Jahre alt und durfte nur alle Tage ein bisschen zu Besuch kommen. Das war schön. Besonders wenn die Kinder sangen. Dann war es, als ob die ganze Stube voller Lerchen gewesen wäre:

„Auf dem grünen Rasen,
Wo die Veilchen blühn,
Geht mein Schäfchen grasen
In dem jungen Grün!“

O ja! Unsere kleine Wiese war plötzlich in die Schulstube gekommen. Das wimmelte von Blumen, dass einer gar nicht wusste, welche man pflücken sollte, den goldgelben Hahnenfuß oder die weißen Schlafblumen oder die roten Pechnelken. Das Schäfchen aber – oh, das nahm man doch wohl am besten auf den Schoß und streichelte es ganz leise und sang. „Su – su – su …“

„Du musst nicht immer dazwischensummen, Friedel“, sagte Vater plötzlich und lachte ein bisschen.

Sehr hübsch war auch das Lied von den Kinderbeinen[8]. Das klang, als wenn einer betete. Mutterchen wusste erst nicht, welches Lied ich meinte. Da merkte ich mir das nächste Mal den Anfang und der hieß: „Nun danket alle Gott“.

Aber einmal kam in die Stube auch ein schreckliches Lied gegangen. Es kam so hinein, als wenn es bei jedem Wort mit einem armdicken Stock auf die Erde schlug. Und an seinen Füßen hatte es Holzklumpen, so lang …!

„Wie heißt das Volk, das, kühn von Tat,
Der Tyrannei den Kopf zertrat?“

Ich warf sofort die Schürze über mein Gesicht. Nein – nein – nein! Bloß das nicht! Bloß nicht den Kopf zertreten! Bloß nicht der armen Frau Tyrannei den Kopf zertreten! „Das sollt ihr nicht singen“, schrie ich plötzlich ganz außer

---

8 „… und Kindesbeinen an …“

15

mir. Vater fuhr verblüfft herum. „Du bist wohl nicht bei Trost, Mädel! Mach, dass du rauskommst!"

Ich w a r schon draußen, aber das nützte mir nicht viel, das grausame Lied lief mir in die Wohnstube nach. Bei dem Schluss: „Es ist mein Volk Borussia" ging die Melodie so hoch in die Höhe, dass ich meinte, ganz deutlich jemanden schreien zu hören. Es war schrecklich.

Und in der nächsten Gesangstunde wieder – und in der nächsten wieder!

Ich wusste gar nicht mehr, wo ich vor Grauen und Mitleid bleiben sollte, und wurde über die Maßen ungezogen. Da nahm Vater mich auf den Schoß und sagte ernst: „Nun ist's genug mit dem Geheul. Jetzt sagst du mir, warum du das Lied nicht leiden kannst!"

Sagen – sagen! Wenn ich es hätte s a g e n können, hätt ich ja nicht so viel zu heulen brauchen.

„Na, weißt du, wir beide wollen das Lied einmal zusammen singen. Dann wirst du hören, wie hübsch es klingt."

Ich wurde ganz steif. Das – singen? Ich? Väterchen hätte mir ebenso anbieten können, mein weißes Kätzchen in den Dorfteich zu werfen.

Wie es dann weiter wurde, weiß ich nicht mehr genau. Ich glaube, ich hab um Frau Tyrannei ein paar kleine Klapse bekommen. Die Hauptsache war aber, dass sie von der Stunde ab nicht mehr in unsere Schulstube kam und ich meinen Platz auf der Türschwelle in alter Sicherheit und Seligkeit wieder einnehmen konnte.

Unsere Base Mariechen sammelte Briefmarken. Und mein zweiter Bruder, Albert, hatte extra nach Amerika ziehen müssen, um ihr von dort welche zu schicken. Er tat es ziemlich oft und legte sie immer in den Brief, der an unsere Eltern gerichtet war. Darin stand, dass es ihm sehr gut gehe und dass er uns und unsere große Pappel immer im Traum sähe. Sonst wär alles wunderschön – bloß dass wir und die Pappel nicht da wären!

Es war bei uns stets eine sehr große Freude, wenn solch ein Brief ankam, aber das hatte ich doch gesehen, dass Mutterchen sich beim Lesen immer die Augen wischte. Und eines Tages stellte ich mich ganz patzig vor Mariechen hin und sagte: „Hol dir deine Briefmarken selbst, Mutterchen soll nicht immer weinen!" Da machte Mariechen ein furchtbar lustiges Gesicht, aber Mutterchen streichelte mich und sagte: „Puttchen, wegen der Marken allein is er ja nich über das große Wasser gefahren. Sieh mal, der Onkel dort war so mutterseelenallein und wollt rein sterben vor Bangen. Und weil er den Albert über die Tauf gehalten, hat er so lang um ihn gebettelt, bis wir ihn hinschickten."

„Na wollt' der Albert auch?"

„Der bettelte noch doller!"

Ich machte ein pfiffiges Gesicht. „Ja, ja – ich besinn mich!"

Nun lachten sie wieder. „Dummchen, du warst ja erst zwölf Wochen alt, wie er losfuhr", sagte Mariechen.

„Und wie alt war e r?"

„Sechzehn Jahr'!" Mutterchen wischte sich schon wieder die Augen.

„Na, sei man still, Mutterchen, da fand er wenigstens schon gut hin!!" –

Wenn unsere Martha ins Lachen kam, das sah komisch aus. Dann wurde sie ganz dunkelrot und tanzte in der Stube herum, dass ihr die Zöpfe nur so um die Ohren flogen und ihre Röcke ein rundes Kesselchen machten. Hanna war viel stiller, und ich hatte sie eigentlich lieber, weil sie mich die vielen hübschen Verschen lehrte. Vom „Hasenkind" und „Pferdchen, du hast die Krippe so voll" – beim „So" schüttete ich immer einen ganzen Sack voll Hafer in die Krippe – und die schönen Geburtstagsverschen. Das eine davon hieß zum Schluss: „Bleifederchen gesund und froh" und das andere: „Ich wünsch dir Glück zum Sonnenschirm". Wenn ich die beiden vortrug, wollte Martha sich immer vor Lachen ausschütten, und einmal behauptete sie ganz dreist, das hieße: „Bleib, Väterchen, gesund und froh" und „Ich wünsch dir Glück und Sonnenschein".

Aber Hanna sagte: „Du bist dammlich", was sie eigentlich nicht sagen durfte, da uns „schlechte" Worte verboten waren. Ich fand es aber von Martha auch dammlich.

Ich denke, es muss nicht viel später gewesen sein, da kam bei uns das „Schappiezupfen". Die Tische in der Schulstube waren mit weißen Handtüchern bedeckt, und in den Bänken saßen nicht bloß die Schulkinder, sondern auch einige erwachsene junge Mädchen. „Solche, die einen Schatz haben – und der ist im Krieg", sagte Hanna. Alle zupften aus Leinenstückchen, die Mutter aus alter Wäsche zuschnitt, die Fäden, und die hießen Schappie[9]. Wenn mir jemand beim Ausziehen der ersten Fäden half, konnte ich's auch. Eigentlich war das Hübscheste bei der Arbeit das viele Händewaschen; es machte Spaß und man wurde dafür auch noch gelobt.

Aber nein, hübscher war doch wohl noch das andere. Wenn der Vater etwas vorlas, was ich nicht verstand, wobei seine Augen aber so blitzten, als ob einer Licht ansteckt, und alles ist auf einmal hell. Dann war mir, als säßen alle in der Schulstube viel gerader, und es dauerte nicht lange, dann sangen wir: „Es braust ein Ruf wie Donnerhall". Und auch Mutterchen sang mit. Überhaupt meinte ich, Krieg müsse so etwas Klingendes sein, aber Vater sagte, eigentlich wäre es etwas sehr Trauriges; bloß manchmal lasse der liebe Gott eine schöne Frucht daraus wachsen. Nun ließ ich natürlich nicht nach mit Fragen, was für eine Frucht. Da meinte er: „Wenn Brüder, die sich ihr Lebtag gezankt, einig werden und sich einen Kuss geben!"

Das hörte sich sehr lieb an. Und ich nahm das Leinenstückchen, das ich „klar" gezogen und als Spreittuch für meine Puppe hatte überseit bringen wollen, und zerzupfte es bis auf den letzten Faden für die Brüder, die sich gezankt und sich nun einen Kuss gegeben. –

Eine große Rolle spielte in jener Zeit der Briefträger.

Unser Briefträger war die gute alte Müllern. Sie trug an Stelle ihres kranken Mannes die Postsachen aus und hatte sich außer seiner großen Ledertasche auch seine langen Stiefel und seine schwarze Pudelmütze angeeignet. Das sah

---

9 *Im Krieg 1870/71 bei Verbänden zum Aufsaugen von Wundflüssigkeit benötigt, auch Scharpie genannt (G. L.)*

zu dem kurzen, hochgeschürzten Rock sehr spaßig aus. Das Drolligste aber war mir doch, dass sie ihre Gesichter wechseln konnte. Völlig auswechseln! Dann musste man denken, sie wäre gar nicht die alte Müllern, und erst noch mal ordentlich nach ihrer Pudelmütze und den langen Stiefeln gucken.

Gewöhnlich sah ihr Gesicht mit den vielen Runzeln und Falten mir so aus, als wenn über einem Kohlkopf ein großes Spinngewebe liegt, ich meine, es war alles so grau, so ruhig, so unbeweglich. Wenn die alte Müllern dies Gesicht aufgesetzt hatte, wussten wir gleich bei ihrem Eintritt: Heut gab's nichts für uns – heut brachte sie uns nur die Postsachen, die für das Dorf bestimmt waren; die Schulkinder sollten sie mit nach Hause nehmen. Das war damals noch allgemein so. „Ja", sagte sie dann trocken – und in ihrem ruhigen Gesicht zuckte auch nicht ein Muskelchen –, „unsereins kann da auch nich für! Unsereins kann ja nich extra bei die Franzosen laufen, sich Briew holen! Der Belauf is so schon groß genug."

Aber dann kam hin und wieder ein Tag, da war das „Spinngewebe" von dem Gesicht der alten Müllern völlig fortgewischt. Ein altes, liebes, zitteriges Großmuttergesicht sah einen auf einmal an. In seinen Runzeln zankten Freude und Angst miteinander herum, aber beide riefen gleich laut: „Ein Brief aus Homburg!" Wir brauchten nur einen Blick auf die gute alte Müllern zu werfen, dann hörten wir's.

In demselben Augenblick bekam Mutterchen eine ganz fremde Stimme, als wollte sie ihr zerbrechen und vor die Füße fallen. Und ich lief in die Schulstube, und der Vater kam mitten in der Stunde ins Wohnzimmer, und wenn er sich umsah, standen auch schon Hanna und Martha hinter ihm. „Hat er selbst geschrieben?", fragte er leise und rasch.

„Nein", sagte die Mutter, „der Wärter. Aber es geht ihm etwas besser!"

„Es geht ihm etwas besser", wiederholte der Vater tief aufatmend.

„Es geht ihm etwas besser", sagten die Schwestern und falteten die Hände.

Und eine ungeheure Freude füllte goldhell unsere ganze Stube, und wir gingen alle selig darin herum – es ging ihm ja etwas besser!

Der aber, von dem uns diese Botschaft gekommen, war mein ältester Bruder, der bei Courcelles einen Schuss in die Schulter erhalten hatte – sehr tief – und nun seit Monaten in Homburg in Privatpflege lag.

Dass die alte Müllern an einem solchen Tag stets noch ein Stündchen als unser lieber und geehrter Gast bei uns bleiben musste, ist selbstverständlich. Sie stand übrigens in der ganzen Umgegend in gutem Ansehen. Es wurde von ihr erzählt, dass sie einmal mit einem schwarz geränderten Brief wohl eine Viertelstunde lang in einem Hausflur gestanden, weil es ihr gar zu wehe tat, eine Trauerbotschaft zu bringen. Trotzdem ist die Kriegszeit die Glanzzeit ihres Lebens gewesen. Zwanzig Jahre später erzählte mir ihre Schwiegertochter, dass fast alle Erzählungen der Greisin den Ausgangspunkt hätten: „Weil (als) ich noch mit Briew ging –"

Ja, es war eine ereignisreiche Zeit. Und ein heiteres Vorkommnis, das sich noch in Schwester Marthas Gedächtnisschubfach vorfand, will ich hier noch hinzufügen.

Nach dem großen Scharpiezupfen in unserer Schule hatte Mutterchen die weißen Fäden in eine saubere Züche[10] gesteckt und nach Nemmersdorf zum Herrn Pfarrer geschickt. Ein paar Wochen später kam unerwartet zu uns Besuch. Mutter backt in Eile Löffelkuchen, die sie mit unserem anerkannt guten Kaffee – sie nahm immer nur zur Hälfte gebrannte Gerste, während die anderen Kiaulkehmer einen viel größeren Zusatz verwandten – dem Gast aufs Freundlichste anbietet. Vater leistet ihm Gesellschaft, sie selbst backt noch schnell am Kamin die letzten Kuchen – sie müssen bekanntlich frisch aus der Pfanne gegessen werden.

Als sie sich umwendet, sieht sie, wie der Gast einen raschen Griff nach dem Mund macht und etwas unauffällig fortwirft. Und noch einmal! Und jetzt wieder! Mutter schickt sich an, in die Erde zu sinken. Und nun fängt auch

10 *Gewöhnlich Kissenüberzug, aber auch Beutel, Säckchen*

Vater an. Er will Mutter nicht bloßstellen und arbeitet ebenso unauffällig und eifrig fort wie der Gast. Aber die ist schon halb ohnmächtig. In ihrem Hause …!

Endlich löst ein helles Auflachen die Spannung. „Sehen Sie, meine Frau ist so patriotisch, dass sie sogar in unser Gebäck Scharpie hineinnimmt!" Und nun klärt sich alles auf. Martha hat beim Einkauf die Züchen verwechselt und statt der Mehlzüche die genommen, in welche damals die weißen Fäden gepackt waren – und ein Bündlein davon hatte sich in eine Ecke versteckt, um die ruhige Kiaulkehmer Lehrerfrau einmal aus allen Fugen zu bringen.

Es gab eine große Heiterkeit, die aber bei Mutter doch wohl nur „so von oben" gewesen sein mag, denn uns Mädeln wurde streng verboten, im Dorf auch nur ein Wörtchen von der „Blamage" verlauten zu lassen. Mutterchen hielt sehr auf Ehre.

Und dann – als alle anderen Soldaten aus unserem Dorf längst ihren Urlaub gehabt, um nach dem Kriege ihr Zuhause wiederzusehen, kam ein Tag …! Aus ihm ist mir in späteren Jahren ein Gedicht gewachsen. Das mag hier stehen.

Des Kriegers Heimkehr

Den sonnenhellen Tag vergess ich nicht,
Zu deutlich prägte er sich in die Seele.
Der Vater stand am Pulte, ernst und schlicht,
Und übte mit den Kindern Pfingstchoräle.
Wir Kleinsten aber, noch nicht reif dafür,
Wir mussten Sätze auf die Tafel schreiben –
Da pochte es so leise an die Tür,
Als wär's ein Vöglein an der Fensterscheiben.

Zu leise war's. – Sie sangen ungestört,
Als fühlten sie des Heil'gen Geistes Wehen.
Ich aber hab zu schreiben aufgehört,
Um leisen Schrittes einmal nachzusehen,
Und öffnet', langsam nur, mit scheuer Hand,
wohl meinend, dass ein Bettler draußen stünde:

Laut schrie ich auf, denn vor der Türe stand
ein junger Krieger mit der weißen Binde.

In strammer Haltung, wie vor'm General,
so stand er da, mit zuckender Gebärde.
Sekundenlang noch rauschte der Choral –
Da fiel der Taktstock plötzlich laut zur Erde.
Ein Jubelschrei: „Mein Vater!" und „Mein Sohn!"
Sie haben draußen sich ans Herz genommen.
Mir war, als ob der wundersame Ton
Vom Himmel selber wär herabgekommen.

Dann kam die Mutter heim, der Schwestern Schwarm.
Wie wir im Wiederseh'n uns nun entzückten!
Wie wir mit frommer Ehrfurcht auf den Arm,
den kranken, in der weißen Binde blickten!
Und wie des Bruders Brust so stolz sich hob
Im Hochgefühl des Sieges und der Ehre!
Wie ihn der Vater dann ins Zimmer schob:
„Ihr Kinder, seht, der focht im deutschen Heere!"

Da ging ein Flüsterton von Bank zu Bank.
Die Kecken suchten and're mitzuziehen.
Und plötzlich rauschte auf ein heller Klang
In kindlich frommen, mächt'gen Melodien.
Das Lied: „Es braust ein Ruf wie Donnerhall",
Die Kinder sangen's frei und unbefohlen,
Sie stellten sich im Kreis auf wie ein Wall
Und ließen sich kaum Zeit zum Atemholen.

Dem Heimgekehrten aber kam's zu Sinn:
Im deutschen Schulhaus lernt man deutsche Treue! –
Nun gingen langsam Jahr um Jahre hin,
Doch kommen ihm die Tränen stets aufs Neue,
Denkt er des Tages, da am Heimattor
Der Arm der Eltern liebend ihn umschlungen
Und ihm entgegenscholl in hellem Chor
Die Wacht am Rhein, von Kindermund gesungen.

Das neue Nest

Unser liebes, altes Haus war nun wohl der Meinung, dass es mit seinen halb erblindeten Augen nichts Schöneres mehr würde zu sehen bekommen. Und im Sinne des alten Simeon: „Herr, nun lässest du deinen Diener in Frieden fahren", neigte es eines Tages seine gesenkten Balken noch tiefer – und das ganze Dorf sprach wie ein Mann: „Es ist die höchste Zeit, wir müssen eine neue Schul bauen."

Und eines Morgens war das große Ereignis da und sah so hell und glänzend aus wie die goldene Sonnenkugel, die ich zum ersten Mal in meinem Leben aus Kollatischken aufsteigen sah, weil unsere Wohnstubenfenster es mit der Abendsonne gehalten und ich noch nie so früh aufgestanden war: Wir z o g e n!

Wer das nicht kennt, kann nicht mitreden. Und die Kiaulkehmer konnten fast alle nicht mitreden. Da saß jeder wie angewachsen auf seinem Hof, und wo des Großvaters Sorgenstuhl gestanden, da sorgte der Enkel, wenn er Bauer geworden, weiter, und alle – auch Vater – sagten, das sei etwas Wundervolles und gäbe Kraft. Selbst die Losleute[11] machten sich das Vergnügen, ihre Wohnung zu wechseln, gar nicht oft. Sie meinten: „Dreimal ziehen ist wie einmal abbrennen" – und s a ß e n.

Aber wir – wir z o g e n! Natürlich zogen wir! Wenn auch Vater das von dem Wundervollen und von der Kraft gesagt.

---

11 Instleute, Arbeiter auf einem Gut

Ich stieß einen Jubelschrei aus, wie er einem solchen Ereignis angemessen, und wunderte mich, dass nur die Schwestern einigermaßen mittaten. Sie packten noch in Windeseile ihre letzten Sachen zusammen.

„Aber Mutterchen, freust du dich denn gar nicht?", fragte Martha.

Die stand mitten in der Stube und hatte die Augen voll Wasser. „Ach Gott, Kinder", sagte sie, „das is so anders, als wie ihr euch das denkt. Seht mal, auf dieser Bank hab ich das Vaterunser gelernt – und nachher stand dort auf dem Fenster mein Myrtenbäumchen – und nachher stand hier an dieser Wand eure Wiege."

Hanna trat zu ihr und gab ihr einen Kuss, und ich stieß Martha an, dass wir es auch tun wollten, vielleicht musste das beim Ziehen so sein. –

Und dann fing es endlich an. Vater ordnete den Auszug, alle Schulkinder halfen.

„Julius und August, ihr nehmt den Tisch! Zum Kuckuck, Jungens, wollt ihr wohl das Schaff stehen lassen, das ist für die Männer! – Na, Lieschen, dir kann man schon was zutrauen, du nimmst die Wanduhr! Aber pass auf, du weißt: Sie s c h l ä g t!"

„Vaterchen – und ich?"

„Nehmt doch die Schubladen raus, Jungens, und tragt die Kommode s o! Vielleicht hochkant!"

„Vaterchen – und ich?"

„Richtig, Friedel, auf dir liegt ja meine ganze Hoffnung. Na guck mal, hier den Wandkorb und die Ofenkrück – "

„Das ist mir viel zu leicht!"

„Ja, bei kleinen Mädchen geht's doch auch nicht nach der Schwere, da geht's nach der F e i n h e i t. Na denn noch den Lampenteller und die Rute – "

„Die schmeiß ich in den Dorfteich."

„Das ist recht. Wofür sollten wir der eigentlich das Altenteil geben?"

Drüben in der n e u e n Wohnung – wir surrten immer wie die Bienen hin und her – richteten Mutter und Hanna alles ein. Der liebe Gott und der gute Herr Baron auf Nemmersdorf und unsere goldenen Kiaulkehmer hatten es so wundervoll für uns gefügt, dass wir in „Julitzens Haus" hineinziehen konnten. Es trug den Namen von seinem letzten Bewohner. Jetzt hatte es schon ein Jahr leer gestanden, denn der Herr Baron hatte gemeint, er wolle es lieber abbrechen lassen, bevor …

Aber weil im Dorf doch sonst auch nicht das kleinste Nestchen für uns aufzutreiben gewesen war, hatte er es schließlich doch erlaubt, dass wir hineinziehen durften. Schule sollte während des Neubaus nicht gehalten werden.

Oh – es war ein hübsches Häuschen! Wenn kein großer Sturm kam, hielt es wohl noch. Und wenn einer kam, konnte man sicher noch rechtzeitig hinauslaufen.

Und wie fein sah es jetzt mit unsern guten Sachen aus! Mutter brachte eben am Gardinenbrett die bunten, gestärkten Vorhänge an.

„Aber nun guck erst mal h i e r h e r", sagte Hanna, und ihre Stimme tanzte ordentlich vor Lachen, was nicht oft vorkam.

I n d e r n e u e n W o h n u n g w u c h s G r a s ! Ich war so überwältigt, dass ich gleich auf dem Estrichboden niederkniete. Ja, ja – Gras! Wirkliches Gras! Zwar nicht gerade viel. Aber für eine Stube . . ! Das hatte ja keiner in ganz Kiaulkehmen.

„Siehst du", sagte Hanna, „das dachte ich mir gleich, dass dir das Spaß machen würde. Mutterchen meinte, ich sollte es ausreißen, aber nun darf es noch ein bisschen stehen bleiben. Bloß b e g i e ß e n, das hat sie streng verboten. Hörst du?"

Es war auch sonst in der neuen Wohnung allerlei Nettes zu sehen. Die Hälfte der Fenster war mit Papier verklebt, eine Scheibe sogar mit einem Bild, das einen Hahn darstellte. Als es gegen Abend zu regnen anfing, sagte es in der einen Ecke: Tipp – tipp – tipp! Martha nahm eine Blechschüssel und trug sie an die Stelle, da ging es wie voll Dankbarkeit noch lauter: Tipp – tipp – tipp!

„Wir werden uns alle den Rheumatismus holen", klagte Mutter. Aber Vater meinte: „Gott bewahre, im Kalender steht ein trockener Sommer. Das ist nur ein Übergang."

Und der Kalender hatte recht. Ein Sonnentag reihte sich an den andern. Wir konnten bei offenen Fenstern schlafen, und keine Krankheit legte die Hand auf uns. –

Dafür kam mir aber unter jenem durchlöcherten Dach die Erkenntnis, dass einem auch ohne Krankheit etwas sehr weh tun könne.

Eines Tages hatte Mutter mich auf einen Stuhl gestellt, um an meinem neuen Sommerkleid einen Saum abzuheften.

„Bleib nur stehen", sagte sie, „ich seh nur mal in die Küche hinein, ob die Suppe nicht überkocht."

Unterdessen stand Vater am Fenster, mit dem Rücken gegen die Stube. Aber was hatte Vater hinauszusehen, wenn ich mein Sommerkleidchen anpasste? Ein entzückendes Kleidchen vom Soldatenbruder, weiß und grün gestreift, mit kurzen Ärmeln.

„Vaterchen!" Er wandte sich nicht um.

„Vaterchen, guck doch mal her!" Keine Antwort.

Ich zitterte bereits. Ach Gott! Blitzschnell dachte ich den vergangenen Tag durch. Fiel da nicht irgendeine Ungezogenheit von mir aus seinen Taschen, sodass Vater einfach böse auf mich war – ganz einfach böse?

Ich konnte nichts entdecken. Von meinem Stuhl herunterspringen durfte ich nicht. So streckte ich nur flehend meine Arme aus. „L i e b e s Vaterchen . . !"

Da fuhr er herum, als ob er mich jetzt erst hörte. Und da sah ich's: Mein Vater war t r a u r i g, mein Vater war sehr t r a u r i g! Ich weiß nicht, woher mir plötzlich das Verständnis für diesen Unterschied kam. Böse sein, zürnen – es wäre mir wie ein Lachen dagegen gewesen. Zürnen, das kann ich wenden. Aber dies … dies …!

Ich war längst vom Stuhl heruntergesprungen. „Va-Vaterchen!" Das Schluchzen stieß mich so, dass ich nicht weiter kam. Vierzig Jahre später, während ich davon erzähle, fühl ich's noch im Halse.

Und vierzig Jahre später fühl ich's noch, wie meines Vaters Arm mich emporhob – und wie mein Seelchen in die seine hineinflog und da auf einmal ganz ruhig wurde. Ganz ruhig. Und wie der liebe Gott die Decke von un-

serm Häuschen fortnahm und die Seligkeit zu uns herein-
ließ ...

Ich hab noch niemals davon gesprochen. Nur, weil ihr
doch immer meint, Kinder empfänden noch nicht so tief ...!
Darum erzähl ich's. –

Ich weiß noch, dass ich dann wie in einem Traum um-
herlief. „Ach – jetzt bloß artig sein! Jetzt bloß nichts tun,
was ihm weh tun könnte. Lieber Gott, hilf mir doch!" Ob
das nur Stunden oder doch einige Tage gedauert hat, ist mir
nicht mehr erinnerlich. Kinderspiel und Kinderunart werden mich ja wohl bald wieder auf den Estrichboden unsers
Häuschens heruntergeholt haben. Aber es muss ohne
Wunden abgegangen sein, denn meine Erinnerung weiß
von keiner Narbe. –

Da ich jedoch nun einmal den Sprung von sechs zu sechs-
undvierzig Jahren gewagt, will ich gleich noch ein Weilchen dabeibleiben und erzählen, w a r u m mein lieber Vater
so traurig gewesen.

Mein Vater war eine Sonnennatur. Er war von Gottes
Gnaden dazu berufen, Freunde zu haben. Und er hatte
Freunde. Als Einundzwanzigjähriger hatte er in seinem
Geburtsdorf die Lehrerstelle erhalten, fast alle Besitzer des
Dorfes waren seine Schulkameraden, und vierundzwanzig
Jahre lang war Frau Eintracht zwischen ihnen hin und her
gegangen. Nur mit einem einzigen der Bauern stand mein
Vater nicht auf „Du und Du", weil der ein Trinker war, und
dieser hatte einmal in völliger Verkennung der Sache die er-
heiternde Bemerkung gemacht: „He moakt groad so, als
wenn eck e Kriegsroat sie!"[12]

Nun kam der Schulbau. Wochenlang hieß es, bei dem
schlechten Weg das Baumaterial heranzufahren. Die Zie-
gelei war weit, der Forst war weit. Und wenn es das eigene
Feld zu bestellen gilt, ist es niemandem zu verdenken,
wenn er darüber murrt. Auch Zahlungen waren zu leisten,
„ungebührlich große Zahlungen"! Und für wen war das al-

---

12 *Er macht gerade so, als ob ich ein Kriegsrat sei (ein hoher Beamter der*
Provinzverwaltung); oa: ein offenes o, ein Laut zwischen a und o. (G. L.)

les? Für den Lehrer, damit er in einem „S c h l o s s" wohnen kann!

Diejenigen, die schulpflichtige Kinder hatten, hielten sich noch ein wenig zurück. Das neue, große Schulzimmer mit den hohen Fenstern würde ja ihrem Franz oder ihrem Malchen zugutekommen! Aber die älteren Besitzer, die für ihre Familien nichts mehr von dem Bau zu erwarten hatten …?

„Ich denk, wir hätten sich das billiger einrichten können", meinte eines Tages der alte Z.

„Aber Mensch", sagte mein Vater, „es muss doch nach dem Anschlag geh'n!"

Auch der dicke, gutmütige Y. war auf einmal ganz lebendig geworden. „Odder Kinder – Lüd, wie hadde sich dat w e r k l i c h billiger enrechte kunt. Eck säd joa emmer …"

Und X. meinte: „Ja, es wäre wohl gegangen, aber die Lehrer machen heutzutage große Ansprüche."

Mein Vater holte den Anschlag und erklärte. Sie nickten mit den Köpfen, schüttelten ihm die Hand und verließen den Bauplatz. Aber am andern Tage fanden sie es überflüssig, dass die Lehrersche extra eine Speisekammer bekommen sollte. „Min –min – min Fru mott ja ok emmer met de Melkschättel en – en – enne Keller renne", sagte P., der so sehr stotterte.

Am dritten Tage erklärte mein Vater nicht mehr, sondern kämpfte für sein gutes Recht. Da war die Spannung da!

Vater war fassungslos. Wie konnte das sein? Das waren doch seine Freunde gewesen, mit denen er Freud und Leid geteilt! Und sie hatten doch selbst gesagt, dass das Haus baufällig sei! Wie war das nur möglich?

Ein freundliches Einlenken seinerseits wurde ihm als Rückzug ausgelegt. Als aber eines Tages ganz zufällig der Bauinspektor mit dem Herrn Baron auf der Baustelle erschien und beide ihm durchaus recht gaben, steigerte sich die Spannung bis zur Feindseligkeit.

Und da, eines Abends … ich erzählte es schon. Nicht mehr daran rühren!

Mein Vater hatte übrigens die Tragweite jenes Zwistes bei Weitem überschätzt. Kiaulkehmen war nun einmal nicht der geeignete Boden für Zank. Der lief wohl noch ein paarmal bellend längs der Dorfstraße auf und ab, bis das Schulhaus fertig war; dann war er auf einmal verschwunden – man wusste nicht, wohin.

„Der ist nach Kisoweitschen gelaufen", sagte bei der nächsten Krowuhl[13] der Herr Baron mit seiner hohen Fistelstimme. „Dort wird eine zweite Schulklasse angebaut!"

Alle lachten, dass sie dunkelrot wurden. „Ja, wir haben sich eigentlich blamiert, die dumme Mod so mitzumachen", meinte der alte Z. Und dann erbot Vater sich, die innere Einrichtung – Malen und Streichen der Stuben – aus seiner eigenen Tasche zu bezahlen.

Und jetzt bin ich wieder ein sechsjähriges Dirnlein, laufe wie närrisch in dem neuen Hause mit der himmelhohen Decke herum, falle über die Türschwellen, weil sie gar so niedrig sind und ich den Fuß immer viel zu hoch hebe, und bin selig, selig. Es war wie im Frühling. Der liebe Gott spricht: „Es werde!" und es wird.

Eines Tages erschien ein Mann, der färbte die Wände. Wahrhaftig, er färbte die Wände. In der Wohnstube gelb wie das Korn im Sommer, in der Putzstube blau wie der Himmel, wenn nicht ein einziges Wolkenschäfchen darauf weidet. Aber das war noch nicht genug. Dann nahm er ein Ding, das nannte er eine Schablone, und pinselte darauf ein Weilchen herum. Und wenn er's wegnahm, waren mächtige Rosensträuße auf der Stelle gewachsen, auf der hellblauen Wand dunkelblaue Rosen und auf der gelben dunkelbraune. Wir standen alle davor und konnten uns nicht sattsehen. „Ja, das muss man sagen", meinte Mutterchen freundlich zu dem Maler, „Sie verstehen's!"

Dann kamen Fenster und Türen an die Reihe. Als ich morgens in die Schule ging – jetzt schon lange nicht mehr als Besuch, sondern als richtiges Schulmädel –, waren sie

13 *Ortsversammlung (von Krovule – Schulzenstab)*

weiß wie das Brennholz, das in Massen in die Öfen gesteckt wurde, jetzt mittags glänzten sie in beiden Stuben gelb wie Gold. Zu sehen, zu fassen wie damals das Gras im Julitz'schen Haus. Ach nein, n i c h t zu fassen, j a nicht zu fassen! Ich hatte bereits beide Hände voll Farbe.

Und eines Tages kamen in die Putzstube allerlei wunderliche Gestalten hineinspaziert, die die Eltern aus Gumbinnen geholt. Das länglichrunde Ding mit dem gedrechselten, dreibeinigen Fuß sah ich sofort für den vornehmen Verwandten eines Tisches an. Und es hieß auch so. Aber das Große, Grüne, Weiche, das kannte ich nicht, trotzdem ich schon immer von einem Sofa gehört. Man konnte darauf sitzen – durfte es aber natürlich nicht. Der Spiegel, der zwischen die Fenster zu hängen kam, war über ein Meter lang, also wohl zehnmal so groß wie unser alter, und die Fenster bekamen schneeweiße, klare Vorhänge, die Hanna und Martha mit „tunischen" Stricknadeln gestrickt.

Als alles an Ort und Stelle stand – der Tischler hatte noch sechs neue, schöne Rohrstühle gebracht und vom alten Hausrat waren noch der polierte Glasschrank und der polierte Kleiderschrank hineingekommen –, war es ein Zimmer, in dem konnte der Kaiser wohnen.

Für uns war es dazu natürlich viel zu schade. Wir hatten ja auch die hübsche Wohnstube! Die hatte zwar die alten rot gestrichenen Möbel behalten – aber was waren die gewaschen und gerieben worden! Und dass wir nun statt des großen Himmelbettes zwei „Reißbetten" mit funkelnagelneuen Decken darin stehen hatten, das riss, wie Martha sagte, das Ganze heraus und machte, dass eben a l l e s wie neu aussah.

Statt der „schwarzen Küche" besaßen wir nun eine hübsche, saubere „Küchenstube" mit einem richtigen Kochherd und einem richtigen Fenster. Hier kam das Bett von Hanna und Martha zu stehen. Ich behielt mein Nestchen nach wie vor bei der Mutter.

Vater machte oft alle Türen auf, auch die nach der Schulstube, und dann gingen die Eltern Arm in Arm durch das ganze Haus – wir Schwestern hinterdrein. Und Mutterchen küsste Vaterchen und sagte: „Wenn meine seligen Eltern d a s sehen könnten … !"

Dabei kam aber noch fast täglich etwas zu der Pracht hinzu – Kriegsbilder, die Vater abends selbst mit einer fingerbreiten Goldleiste rahmte, Schutzdecken in Muschelmuster für Sofa und Sofatisch, an denen Hanna und Martha sich die Finger kaputt gehäkelt, und ein rosa Lampenschirm aus Seidenpapier, der dem lieben Gott die Morgenröte täuschend nachahmte. Wenn hinter ihm die Lampe brannte, sah alles so träumerisch aus, so unglaubhaft …

Als die Einrichtung fertig war, ging es an eine Ausrichtung[14]. Aber ich weiß nicht, bin ich damals nicht ganz frisch gewesen oder hat Mutter mich gar zu früh ins Bett gesteckt, ich habe nur eine sehr schwache Erinnerung daran. Die einzigen lebhaften Eindrücke, die mir geblieben sind, sind ein goldgelber Brei mit einer dunkelroten Sauce, der merkwürdig anders als Schrotbrei mit Milch aussah und schmeckte, und ein umgekehrter Soldatenmantel, in dem Vetter Karl ein Gedicht vortrug, das in späteren Jahren immer wie ein Hanswurst dazwischensprang, wenn ich mich an Goethes Erlkönig entzücken wollte – Vater nannte es eine Parodie. Aber im Dorf hieß es noch lange, unsere Ausrichtung sei sehr fein gewesen; das Essen reichlich und gut – und l a c h e n hätte man müssen …!

Dafür aber habe ich etwas anderes aus jenen Frühlingstagen unserer Putzstube im Gedächtnis: den Tag, als Tante Lorchen zu uns kam.

Tante Lorchen war eine „entfernte" Kusine meines Vaters, „pappelgroß und klapperdürr", hieß es in der Verwandtschaft. Aber wir durften das nicht sagen, denn Mutter belehrte uns: „Wie einer aussieht, so s i e h t er eben aus. Und dafür kann er nich. Und m e i n e Kinder sollen sich jedenfalls nich drüber aufhalten."

Blieb uns also nichts übrig, als „pappelgroß und klapperdürr" zu d e n k e n, was uns natürlich bei Weitem weniger späßte.

---

14 *Familienfest*

Tante Lorchens Gesicht hatte etwas unendlich Spitzes, was an ihrer Nase lag. Aber auch aus den Augen kam es ganz spitz auf einen zu – man blinzelte immer, wenn sie einen scharf ansah. Ihre Gesichtsfarbe hatte einen Schein ins Grünliche, und Onkel Fritz behauptete, sie lasse nicht nach, bis jeder, der mit ihr zusammenkäme, a u c h grün aussähe. Vor Ärger. Aber auch das durften wir nicht mal nachsagen.

Also Tante Lorchen war eingeladen worden, unser neues Haus zu besehen. Sie hatte uns schon auf Umwegen sagen lassen, dass sich das schicke.

Mutterchen und die Schwestern waren etwas aufgeregt und schossen mit ihren Wisch- und Waschlappen wie Raubvögel hin und her. Und Vater lachte über das ganze Gesicht und feuerte sie noch immer mehr an. „Ja, ja, Martha, man runter unters Bett. Tante Lorchen …! Aber Mutterchen, ich sag ja nichts, ich halt ja bloß die Margell zur Sauberkeit an!" Da lachte auch Mutter.

Und dann saßen wir mit Tante Lorchen um den Tisch, auf den Hanna eine helle, selbst gewebte Decke gespreitet hatte, und tranken Kaffee. Die gelben Waffeln schienen ihr gut zu schmecken, vorläufig stach sie bloß mit der Gabel. Sie hatte die Augenlider sanft heruntergeschlagen und sprach über die Roggenernte im Pillkaller Kreis.

Dagegen wippte Martha auf ihrem Stuhl unruhig hin und her, und auf einmal schoss sie los: „Tante Lorchen, wie gefällt dir denn unser neues Haus?"

Tante Lorchen hörte nicht. „Ich sag euch, der Plikett in Lasdehnen –"

„Lorchen, die Martha meint, wie dir unser neues Haus gefällt", sagte Vater sehr laut. Seine Augen blitzten vor Vergnügen.

„Ja so, richtig! – Na, sie erzählen ja, die Öfen sollen so firchterlich riechen. Und was ich seh – herjeh, da is ja auch wieder die Kartoffelkaul! Na, Minchen, stocken wird euch das …!"

Mutter lächelte, aber es gelang ihr nicht besonders gut. „Wir tadeln nich, wir freuen uns dran", sagte sie kurz.

Tante Lorchen stach mit einem Auge zu ihr hinüber.

„Na, gewiss, Minchen, du bist ja nich anders gewöhnt. Sieh man – so wie ich! Na, ich find ja da nu nich viel Unterschied mit die vorigte Wohnung. Ja, wenn ihr was hätt anwenden können – !"

Unsere Hoffnung stieg. „Lass Tante man erst in die Putzstube kommen", dachte ich aufgeregt. Aber das hatte Zeit und Weile. Wirklich, die Waffeln mussten gut sein.

Endlich – endlich war es so weit, und nun riss Martha die Tür „sperrangelweit" auf. Das grüne Sofa strahlte, die Goldleisten blinkten, der Muskatbaum auf dem Fensterbrett duftete. „Na, bitte schön, Lorchen!"

Aber nun geschah etwas ganz Verblüffendes.

Tante Lorchen ging nicht v o r wärts in unsere Putzstube hinein, nein, r ü c k wärts! „Sie ging so tadellos rückwärts", erzählte Vater später einmal, „wie Frau von L., wenn sie bei Landschaftsrat K. das Zimmer verlässt – noch ein wenig plaudernd, noch ein wenig zaudernd: Auf einmal ist sie draußen!" (Vater gab bei Landschaftsrats den Kindern Privatstunden.)

Aber Tante Lorchen war nicht draußen, sondern drinnen. Immer mit dem Rücken gegen unsere Pracht und mit dem Gesicht nach uns, die wir hinter ihr eintreten wollten, ging sie bis an das erste Fenster, das sich dicht an der Wohnstubentür befand, setzte sich, guckte in den winterlichen Garten, erzählte noch ein bisschen von Naujokats Halbmetergurken und musste dann plötzlich nach Hause. Jede Möglichkeit, ihren Blick auf unsere Herrlichkeiten lenken zu können, war ausgeschlossen, wir versuchten es auch gar nicht.

Jetzt ging sie auf die natürlichste Weise vorwärts aus dem Zimmer, und im Flur hustete sie: „Ja, Kinder, und was ich sagen wollte, bis auf die Türschwellen find ich da nich viel Unterschied mit früher." –

Und das war das einzige Mal, dass wir einem Menschen nachahmen durften, ohne gescholten zu werden. Mutterchen hatte sich so sehr geärgert, dass Vater sagte: „Komm doch mal ans Licht – ich will mal sehen, ob Schwager Fritz recht hat!"

Die Religionsstunde

Ich war nun also ein Schulmädchen mit allen Rechten und Pflichten eines solchen. Lesen – wer spricht noch darüber? – Schreiben – Kleinigkeit! Aber Rechnen …! Das Rechnen musste ein sehr langweiliger und griesgrämiger alter Mann erfunden haben, den ich mir außerdem auch noch blind vorstellte. Wenn man sehen kann, wie die Birken im Garten mit ihren grünen Schleiern immer so hin und her wehen, wie das Bachstelzchen da auf dem Wege wippt und wie blank Davideits Auguste ihr Haar heute wieder ist, die hat mindestens einen halben Löffel voll Schmalz „draufgeschmiert", nun, da wird man ja nicht auf solche Gedanken verfallen.

„Vierundzwanzig und siebzehn", fragt Vater. Ich bin ahnungslos. „Vierzig", rate ich. „Beinahe!" „Na, Vaterchen, kommt es s o darauf an?" Ja, es kam sehr darauf an, und ich musste mich recht zusammennehmen, um erst mal all die Schleichwege im Zahlenkreis von eins bis hundert sicher laufen zu können. Später ging es leichter vorwärts, besonders wenn an die Zahlen ein Apfel oder ein Pfund Butter oder dergleichen gebunden war. „Ein Meter rotbunter Kattun[15] kostet 25 Pfg. Wie viel kosten 7 Meter rotbunter Kattun?" Solche Aufgaben lässt man sich gefallen. Man muss doch wissen, w a s und w o z u!

Nach Vorschriften zehnmal denselben Satz zu schreiben – im Schönschreibeheft waren gerade zehn Doppelli-

---

15 *Baumwollstoff (G. L.)*

nien auf einer Seite – machte übrigens auch nicht großen Spaß. „Ysop und Thymian sind Lippenblütler", – „Xanten ist ein Städtchen in der Rheinprovinz", – schrecklich!

Aber wenn es hieß: „Nun schreiben die Kleinen mir einmal etwas Hübsches über die Katze – oder über den Hund – oder über Weihnachten": Dann blühte mein Weizen. Dann: Juchhe!

Nicht nur, dass ich selbst sofort die innigsten Beziehungen zu Katze, Hund und Weihnachten hatte, ich wusste auch – nun kommt's! Und es kam. Von allen Seiten kam es, zischelnd, raunend, flüsternd; „Friedel, segg mi doch e Anfang! Herscht?" – „Du, Friedel!" Matthees Marie, die mich ganz und gar beherrschte, stieß mich überhaupt bloß mit dem Ellenbogen an, das genügte.

Ich glaube, es war das Erste, was ich in meinem Leben zu verschenken hatte, jene „Anfänge". Es machte mich glückselig, und ich teilte manchmal so rückhaltslos, dass ich selbst in bitterster Verlegenheit blieb und mit dem alten fadenscheinigen Satz beginnen musste, welchen Vater auf den Tod nicht leiden konnte: „Die Katze ist ein nützliches Tier!"

Wie segnete ich es aber, dass er in den erhebenden Augenblicken des Austeilens stets so weit vom Felde meiner Tätigkeit stand. Während wir Aufsatzübungen machten, unterrichtete er in der ersten Abteilung in Geografie, und das beschäftigte ihn ebenso sehr, wie mich meine acht oder neun „Anfänge" über die Katze. Und dann muss man bedenken, wir Schlauköpfe waren doch auch geschickt …! Wir verstanden unsere Sache!

Die Einrichtung mit den drei Abteilungen war überhaupt fein. Was flog da alles zu einem herüber! Und wenn man „Schönschreiben" hat oder still für sich lesen soll, so wird man das ja nicht engherzig auffassen. Bewahre! Sondern man dämmt mit den Großen die Weichsel ein, damit sie nicht den grässlichen Schaden machen kann, oder wandert mit zum Heiligen Grabe – das ist nicht mehr als recht und billig –, oder weint um den frühen Tod der Königin Luise. Allerdings alles nur als Nebenbeschäftigung, aber immerhin …!

Eins nur konnte mich so packen, dass ich meine eigentliche Beschäftigung auch einmal v ö l l i g vergaß: wenn „die Großen" in der deutschen Stunde im Kinderfreund lasen und es kam irgendein Gedicht an die Reihe – „Der blinde König" – „Columbus" – „Roland Schildträger" und andere. Oder auch die seidenen, samtnen Lieder: „Dich zu lieben, das ist Leben" oder:

> „Der Mond ist aufgegangen.
> Die gold'nen Sternlein prangen
> Am Himmel hell und klar.
> Der Wald steht schwarz und schweiget,
> Und aus den Wiesen steiget
> Der weiße Nebel wunderbar."

Dann war ich in meiner Schulbank einfach nicht mehr vorhanden. Mit dem ersten Vers flog ich auf irgendeinen großen, grünen, dunklen Baum; kein Mensch auf Erden konnte mich sehen – wie sollte er vor all den Zweigen? Und um mich schwirrten glänzende weiße Vögel, die sangen, sangen, sangen …

„Und der Herr Lehrer holte dich nicht mit einem handsamen Haselnussstöckchen herunter?", höre ich eine Stimme fragen, die ein wenig Ähnlichkeit mit der von Tante Lorchen hat.

Gott bewahre! Der saß gewiss selbst irgendwo in einer alten Buche und horchte. Und ärgerte sich höchstens, dass die anderen nicht mittaten.

In e i n e r Stunde jedoch bekam Vater wohl fast alle Kinder so weit, dass ihre Seelen eine kleine Auswanderung unternahmen: in der Religionsstunde.

Zuerst das Morgengebet! Er stand am Pult, das Gesangbuch in den Händen. Wir sangen die beiden ersten Verse eines Morgenliedes, oft eines solchen, bei dem wir Kinder uns ganz gewiss nichts dachten. Denn es lag in jener Zeit, dass man belehrende, betrachtende Verse, wenn sie nur auf der Chaussee einer glatten, gewandten Sprache dahinrollten, jenen alten, herrlichen, poesievollen Liedern vorzog, die eines wundervollen Ausblicks wegen wohl auch einmal eine recht holprige Wortstraße fahren. Wir sangen z. B. zu Weihnachten statt: „Es ist ein Ros entsprungen aus einer Wurzel zart" das trockene: „O stimm auch du mit frohem Dank, mein Geist, in jenen Lobgesang, davon der Himmel tönte, als der zur Welt herniederkam, der unsere Menschheit an sich nahm und uns mit Gott versöhnte!"

Und auf den Ton waren auch unsere Morgenlieder gestimmt. Aber wenn Vater sie mit uns sang, wurde plötzlich aus ihnen eine quellende Freude am jungen Tag, eine flammende Liebe zu Dem, der aus seiner Fülle heraus ihn uns lachend entgegenhielt: „Hier, kleines Menschenkind, nimm – nimm …!"

Wenn Vater dann die letzten Verse des Liedes mit seiner frohen, gläubigen Stimme laut las, tat sich leise die Schultür auf, und es kam einer zu uns herein, der trug einen ungenähten Rock und in seinen Augen stand: „Wer das Reich Gottes nicht empfängt als ein Kindlein …"

Dann setzten wir uns in unsern Bänken zurecht, jeder wie er mochte, und dann begann Vater den Unterricht.

Biblische Geschichte oder Katechismus oder Spruch und Kirchenlied.

Aber eigentlich ist das doch alles eins – ein einziger großer, weiter Garten. Wenn ich mir von den Blumen auf den Beeten pflücken darf, wähle ich mir die leuchtend roten: „Freuet euch in dem Herrn allewege, und abermal sage ich – f r e u e t euch!" „Es ist ein köstlich Ding, dem Herren danken und lobsingen Deinem Namen, Du Höchster!"

Es gibt auch andere Blumen, stille, weiße, die muss man sich auf die Augen legen, wenn man traurig ist: „Meine Seele ist stille zu Gott, der mir hilft!"

Zwischen den Beeten stehen große, starke Bäume. Da braust der Wind vergeblich, er kann nicht gegen sie an. „Ich glaube an Gott, den Vater …" „Ich glaube an Jesum Christum …" „Ich glaube an den Heiligen Geist …" Die Heiden haben's nicht so gut wie wir; wenn sie die Hand ausstrecken, greifen sie in leere Luft.

Die Wege in unserem Garten hat Moses geschaufelt, aber der liebe Gott hat ihm gesagt: „Hier – und dort – und an jenem Abgrund vorbei! Dass mir da keiner fällt!" Es gibt ihrer zehn. Die andern tausend sagt der liebe Gott jedem einzeln ins Ohr. –

Schade ist's ja, dass einem manchmal gar nicht die Zeit bleibt, alles richtig zu besehen. Immer von Neuem heißt's die Harke nehmen und die Wege glätten. „Was ist das?" „Wie geschieht das?" Kallweits Karl bricht dabei immer der Schweiß aus.

Aber dann auch wieder die Seligkeit: Wir kommen eines Tages an eine schattige Stelle – Himmel, wie schön ist das! – da sitzt Vater Abraham vor der Tür seiner Hütte und zwei Engel treten zu ihm, und sofort ruft er seine Frau und spricht: „Eile dich, nimm drei Maß Semmelmehl, knete und backe Kuchen!" Man schnuppert mit dem Näschen ein wenig. Duftet das nicht nach goldfrischem Gebäck? Aber so irdisch ist man nun auch nicht gesinnt – wie es heißt: „Sarah soll einen Sohn bekommen, des Namen sollst du Isaak heißen", da ist der Kuchen vergessen, und einen schüttelt förmlich das Entzücken. Ein Kindchen soll sie haben, ein kleines, kleines Kindchen! Beide Fäustchen wird's an die Augen drücken und so niedlich aussehen! Wenn ich groß bin, will ich zwölf Kinder haben. Meine Älteste wird Elisabeth heißen und goldblondes Haar bis zur Erde tragen. Aber wenn ihr die Bengel da rauftreten werden …!

„Friedel, du passt ja nicht auf! Erzähl mal weiter!"

Friedel gibt in Gedanken ihrem ältesten Jungen noch rasch einen mütterlichen Klaps – er hat's ja nur aus Versehen getan – und springt mit gleichen Füßen über einige Tausend Jahre zurück. „Da sprach der Engel zu Abraham: Warum lacht des Sarah? Sollte dem Herrn etwas unmöglich sein?"

O überhaupt – es ist nicht auszudenken, was für liebe, liebe Gestalten einem da allmählich entgegenkommen. Rebekka und Rahel sind so schön wie die Sonne, Ruth, die Moabiterin, hat einen so festen, deutschen Händedruck, auf die kann man sich verlassen. Das Schönste aber ist doch, wenn jemand von den neuen Freunden hat leiden müssen und auf einmal tut sich der Himmel über ihm auf und a l l e s i s t w i e d e r g u t . Ja, das ist das Schönste, wenn a l l e s w i e d e r g u t w i r d . Der Engel sprach zu Abraham: „Lege deine Hand n i c h t an den Knaben!" – „Und Pharao tat seinen Ring von seiner Hand und gab ihn Joseph an seine Hand und kleidete ihn mit weißer Seide und setzte ihn über ganz Ägyptenland!" – „Und die Königstochter ging, mit ihren Jungfrauen zu baden, wie sie pflegte, und sah das Kästlein im Schilf … und es jammerte sie – !"

Und so hundertmal! Da sah man's deutlich, wie der liebe Gott gesonnen ist: Das Traurigsein ist immer bloß für ein Weilchen, danach kommt der Jubel! –

Ach ja, in der Religionsstunde meines Vaters blieben doch wohl nur wenige auf der Holzbank in der engen Schulstube sitzen. Und wen schon alle die Gestalten nicht zwangen, der sprang doch auf, wenn der Heiland durch den Garten schritt …!

Dann sagte Vater wohl: „Aber, Gustav, willst du denn nicht mitkommen, wenn wir an den See Genezareth gehen? Wir wollen doch miteinander einen großen Fischzug tun!" Oder: „Was, Annchen, du willst zu Haus bleiben, wenn wir zum Töchterlein des Jairus wandern, das so blass auf seinem Bettchen liegt!"

Dann standen die Seelchen von Gustav und Annchen auf und gingen wenigstens auf ein Weilchen mit Jesus von Nazareth mit.

Mich brauchte der Vater nie besonders dazu einzuladen, ich wanderte mit ihm selig durch das ganze sonnige Jordantal – ich musste dabei sein, wenn der Herr all den Armen und Kranken half, all den Traurigen.

Und dann eines Tages sagte Vater zu Mutterchen: „In künftiger Woche beginnen wir mit der Passionsgeschichte. Willst du sie ihr nicht erst einmal unter vier Augen erzählen? Aber lass auch schnell Ostern herankommen!"

Es war an einem Sonntagnachmittag. Mutter und ich saßen allein am Fenster. Da nahm sie mich auf den Schoß und trug mich mit leisen, tastenden Worten nach Gethsemane und Golgatha.

Ich bin dazu doch wohl noch zu jung gewesen. Ich flog in Mutterchens Armen wie vom Sturmwind geschüttelt, mein kleines Herz wollte mir zerspringen.

Am stärksten aber riss an mir ein ungeheures Mitleid mit Judas Ischarioth. Es hatte ihn doch gereut, es hatte ihn doch gereut …! „Mutterchen, hat der Heiland auch den Judas Ischarioth angenommen?"

„Wenn er zu ihm gekommen ist!"

„Längst, Mutterchen!"

„Dann sicher!"

Da kam mir der Hauch einer fernen Morgendämmerung von des Heilands Liebe. –

Aber am andern Morgen, da hatte das junge Bäumchen schon wieder alle Früchte abgeschüttelt, die ihm noch zu schwer.

Und als ich in den folgenden Wochen die Passionsgeschichte in der Schule vernahm, schluchzte ich wohl hin und wieder in mein Tüchlein, aber schon in Gethsemane, wie vor Pilatus und Herodes, sah ich den lichten Engel stehn, der da sprach: „Er ist nicht hier, er ist auferstanden!"

Ja, ja, das Traurigsein ist nur ein Weilchen – danach kommt der Jubel!

Ich hielt es nicht anders aus.

Die Versuchung

Wir lebten, wie es damals allgemein Sitte war, sehr einfach. Man trank nicht zu jeder Mahlzeit die Milch so schlankweg, „wie sie aus der Kuh kommt". Das gab's höchstens zum Mittagessen. Zum Abendbrot wurde der Schmand[16] davon sorgfältig abgeschöpft. Und wenn dieser sich bald darauf im Butterfass unter den Händen der Schwester in Butter verwandelte, so bekamen wir davon auch nicht gerade „fingerdick" auf unser Brot gestrichen. Denn hiervon hatte wiederum ein Teil die Verpflichtung, die Wandlung in blanke Silbergroschen durchzumachen. Aus der Glumse[17] stellte Mutter kleine Käse mit Kümmel her, die sehr oft unser „Kleinmittag"[18] ausmachten, hin und wieder aber auch nach Nemmersdorf zum Verkauf geschickt wurden – sechs Stück für einen Dittchen. Auch Sirup wurde bei uns gekocht, aus Gelbmöhren[19] und Rüben; er schmeckte herrlich und sparte viel Zucker.

Fleisch zu jedem Mittagessen zu erwarten, fiel niemandem ein. Und wäre jemand auf die Idee gekommen – nun, da hätte er ja an dieser allein schon etwas Hübsches gehabt und konnte nun ruhig seine „Kartoffelflinsen" oder Mehlkeulchen oder dicken Reis dazu essen. Die zwei fetten Borsten-

---

16 *Sahne*
17 *Geronnene Milch (Quark; G. L.)*
18 *Zwischenmahlzeit am Vormittag (G. L.)*
19 *Mohrrüben*

tierchen und die sechs oder acht Gänse, die in jedem Herbst geschlachtet wurde, lieferten, von Mutter sorgfältig eingeteilt, ein schmackhaftes Stückchen Rauch- und Pökelfleisch für jeden Sonntag, Dienstag und Freitag des Jahres, und nur in besonderen Fällen wurden einmal ein paar Pfund frischen Fleisches aus Nemmersdorf[20] geholt. Im Dorfe selbst gab es weder einen Kaufladen noch einen Krug.

Heutzutage gibt man unter den gleichen Vermögensverhältnissen wohl das Doppelte aus. Aber ich wüsste nicht, dass der Gesundheitszustand sich dadurch gehoben.

Jedenfalls waren wir damals frisch und blühend. Und was hatten wir für Freuden gerade dadurch, dass uns nicht alle Leckereien nur so auf dem Präsentierteller entgegengetragen wurden. Von dem Süßholz und dem Gerstenzucker des alten Sperling habe ich schon erzählt. Und wenn Mutter alle Vierteljahr etwa auf Einkauf nach Gumbinnen[21] fuhr, das war noch viel schöner. Denn jenes war gewissermaßen ein Eintagsglück, aber dies hatte eine regelrechte Vorfreude, ein Morgenrot möchte man sagen. Solch eine Fahrt plant man ja nicht von heut auf morgen, sie will bedacht und vorbereitet sein! Und während dieser Vorbereitungen … !

Der große Tag selbst geht dann in seliger Unruhe dahin. „Friedel, wat lachst?", fragen die Kinder in der Schule, wenn ich stillvergnügt an meinem Federhalter kaue.

„Na, sull eck nich lache – ons Mutterke is enne Stadt gefoahre!" „Ach so!" Die Getreuen wissen Bescheid. Morgen in der Stunde wird es heimlich von Hand zu Hand wandern, und diese Hände werden von der Süßigkeit des Geschenks zusammenkleben zu unverbrüchlicher Freundschaft.

Im weiteren Verlauf spielt sich die Sache dann aber verschieden ab, je nach Jahreszeit. Im Sommer läuft man dem Wagen bis zum „Steinerberg" entgegen, um noch die paar Hundert Schritte mit heimzufahren, im Winter sitzt man

---

20 Etwa 3 km; zu Fuß zu erreichen (G. L.)
21 Etwa 12 km; es wurde mit dem Pferdefuhrwerk eines Nachbarn mitgefahren (G. L.)

am befrorenen Fenster, haucht sich ein Guckloch in die Eisblumen und wartet – wartet.

Endlich ein Schrei: „Sie kommt – sie kommt!" Wir stehen bereits alle im Flur. „Na, bist du da, Mutterchen?" Sie versichert freundlich, ja, sie sei nun da! Und weil sie fürchtet, ich könnte fragen, ob sie uns auch etwas mitgebracht, was sie mir als unbescheiden verboten, sagt sie rasch: „Aber heut hab ich euch bloß was Schönes mitgebracht!"

Wir Mädel sind schon draußen. Paket um Paket wird vom Wagen oder Schlitten hereingeschleppt. – Und endlich ist es so weit. Aus dem gelben Strohpapier löst sich's langsam: „Pamel" – „Schusterjungens"!

So lange wir zu denken vermögen, bringt Mutter uns schon aus der Stadt Pamel, Gebäck aus Weizenmehl, und Schusterjungens, Gebäck aus Roggenmehl, mit. Aber wir sind gerührt: Sie hätt's ja d i e s m a l auch unterlassen kön-nen! Wir bedanken uns jeder nach seiner Art, Hanna etwas zerstreut, Martha sehr fix und gewandt, ich mit Inbrunst.

Aber ich kann mir nicht helfen, ich erwarte vom Schicksal noch mehr. Dort das Pack aus dem Kolonialgeschäft! Meinen Schusterjungen in der Hand, durchbohre ich es mit meinem Blick. „Mutterchen, wird das heute noch aus-gepackt?" „Na, was meinst du, Friedel?" Ich bin der glü-henden Meinung, dass es nötig ist. „Ja, dann musst du mir aber dabei helfen, ich bin vom Rumlaufen in der Stadt ganz kaputt!"

O liebe, liebe Mutter! Wenn du dein Dirnlein in dem großen Paket wühlen läßest, glaub mir, seine Wonne war größer, als wenn heutzutage ein verwöhntes Kind einen „Zeppelin" geschenkt bekommt. Und billiger! Sie kostete nichts als Verständnis, und davon hattest du so viel, dass du verschwenden konntest!

Oder war es etwa Zufall, dass die „bunte Düte", die du jedes Mal für zehn Pfennige eingekauft, sich stets g a n z t i e f unten in dem Säckchen befand, sodass die Spannung Zeit hatte zu wachsen – zu wachsen – ? Ich glaub's nicht. Aber in diesem und in jenem Leben glaube ich an deine Liebe. –

Hin und wieder befand sich unter den mitgebrachten Sachen ein Ding, „oben spitz und unten breit, durch und durch voll Süßigkeit, weiß an Körper, blau an Kleid, kleiner Kinder große Freud!" Das gab einen Festtag für sich allein ab.

Wenn der Zauber der bunten Düte eine Zeitlang hinter uns lag, sagte Mutter eines Abends: „Wie wär's, Vaterchen, wenn du dir heute das Zuckerschlagen vornehmen wolltest!" Und dann ging's los. Der Tisch wurde „ausgezogen", der Zuckerhut herbeigeholt, Vater nahm Messer und Hammer zur Hand.

„Klipp", fiel das erste Stück, so groß wie ein „Kullerrad". Aber es blieb nicht lange ein Kullerrad. „Klipp", nun war's ein Halbmond. Und „klipp – klipp – klipp", nun waren es große und kleine Stücke. Herrlich, in den Kaffee zu werfen, noch herrlicher, in den Mund zu stecken. Das taten wir denn auch alle. „Aber mit Maß, Kinder", sagte Mutter, nahm das zweite Stückchen, so groß wie eine Erbse, und setzte sich ans Spinnrad. Hanna und Martha nahmen das dritte, so groß wie eine Bohne, und griffen nach ihren Handarbeiten, und ich nahm das vierte, so groß wie eine Haselnuss, und fing an, die Stücke zu sortieren. Die größeren, die ungefähr für eine Kanne Kaffee reichen konnten, in eine „Züche", die kleinen in den Zuckerkasten.

Dieser Zuckerkasten war etwas Entzückendes. Die Geschwister hatten ihn einmal beim Tischlermeister B. für Mutter zum Geburtstag bestellt. Der hatte eine hübsche Form dafür gefunden, nämlich die eines Sarges, und ihn auch dementsprechend schwarz gestrichen. Mutter hatte sich sehr über ihn gefreut und ihn sofort in Gebrauch genommen. Bis er eines Tages spurlos verschwunden war. „Kinder, wo kann bloß der Zuckerkasten geblieben sein!" Als ich ihren Kummer sah, gestand ich mein Unrecht – ich hatte meine Puppe darin begraben! Ein zerbrochener Lampenzylinder, mit weißem Papier beklebt und der Inschrift: „Ruhe sanft!", zierte die Stelle.

Natürlich musste ich den guten Kasten sofort ausgraben und von der Erde reinigen. Nun stand er schon seit länger als einem Jahr wieder in hohen Ehren.

Also in diesen Kasten kamen die kleinen Stückchen.

Wenn alles fertig war, kam die Züche unten in den Glasschrank der Putzstube, da, wo er kein Glas, sondern undurchsichtiges Holz hatte, der Kasten in die Speisekammer. So war's seit Jahren gewesen, und Mutter hatte wohl nicht gedacht, dass ihrer Jüngsten daraus einmal so viel Kummer erwachsen sollte. Doch das kam so.

Ich saß eines Tages ganz ahnungslos mit meiner Schularbeit in der Putzstube – mutterseelenallein. Wenn ich den Kopf hob, sah ich, wie im Glasschrank die goldgeränderten Hochzeitstassen der Eltern blitzten, daneben die blanke Schale von Onkel Adolf. Aber was war das? Auf einmal streckte ein Schlänglein seine spitze Zunge durch das Schlüsselloch und sagte: „Du, der Schrank ist unverschlossen …!"

Ich lachte hell auf. „Das wär ja auch noch schöner! Vor wem sollte Mutterchen wohl den Schrank verschließen?"

„Vor dir", sagte das Schlänglein.

„Aber ich will ja gar keinen Zucker haben! Es fällt mir ja gar nicht ein, Zucker zu naschen!"

„Na, meinst du denn, Mutterchen würd dir das groß verdenken? Sie ist ja so gut!"

Ja, darin hatte die Schlange recht, gut war sie. Und warum sollte ich denn auch nicht …?

Die Tür knarrte, der Bindfaden löste sich wie von selbst, meine Zähne krachten bereits in das große, weiße Stück Sünde hinein. Bloß ein Krümchen abbeißen! „Etwas Angebissenes zurückzulegen schickt sich nicht", sagte die Schlange. Da aß ich's bis zu Ende.

Ein Weilchen stand ich noch mitten in der Stube. Auf einmal fing ich an bitterlich zu weinen. Ach Gott! Ach Gott! Ja, ja, so hat sie's schon mit der armen Eva gemacht! Und das Schlimmste: Es ist gar keine Schlange, es ist das eigene kleine, böse Herz …!

Nach einer Stunde wirklicher Qual stand ich vor meinen Eltern. Sie sahen mich sehr ernst und liebevoll an und verziehen mir.

„Nun will ich aber auch nie wieder …"

„Na, wo wirst du!", sagte Mutterchen überzeugt. –

Aber am andern Tag nahm ich das zweite Stück Zucker und am dritten das dritte. Es war, als ob ein böser Geist über mich kam, sobald ich nach dem Glasschrank sah. „Darf ich nicht meine Schularbeiten bei euch machen?", fragte ich am dritten Tag flehend nach der Beichte.

Mutter fuhr sich mehrere Male mit beiden Händen über das glattgescheitelte Haar, was bei ihr ein Zeichen großer Erregung war. „Fortlaufen? Bei der ersten Gelegenheit fortlaufen? Bei der allerersten Versuchung?"

„Nein, nein, Mutterchen, ich will ja nicht! Nein, nein!"

Fast eine Woche hindurch hielt ich mich. Da erschien ich eines Tages, blass wie Kalk, in der Wohnstube – sagte aber nichts.

Es wurde einer der schwersten Abende meiner Kindheit. Die Schwestern waren zu den Basen gegangen, Mutter saß tief über ihre Arbeit gebückt, mit etwas schlürfendem Schritt ging Vater auf seinen großen Hausschuhen – auf und ab – auf und ab.

Auf einmal blieb er unauffällig am Glasschrank stehen und zog leise davon den Schüssel ab.

Ich rang unter dem Tisch die Hände. Wie ein Regenschauer fiel es auf meine Schiefertafel, die ich mir zum Schein vorgenommen. Aber trotz aller Scham hatte ich die Empfindung einer grenzenlosen Erleichterung: Nun ist's unmöglich!

In demselben Augenblick hörte ich, wie Vater laut und vernehmlich den Schlüssel wieder hineinsteckte. Es gab einen klirrenden Ton: Gar nicht unmöglich – gar nicht unmöglich …!

Da wusste ich nicht mehr, was ich anfangen sollte. In ihrer Not streckte sich meine Seele und sandte ein Stoßgebet in den Himmel, ihr erstes eigenes, armseliges Verslein. Auf meiner Schiefertafel stand nach wenigen Minuten:

> Herr, Versuchung wende ab
> Von der armen Seele!
> Schicke Segen stets herab,
> Dass daran mir nie fehle!

Lass gute Taten mir gedeih'n,
Das bitt ich dich von Herzen,
Damit ich immer, zart und rein,
Den Eltern nie mach Schmerzen.

Mit diesem Vers war der unheimliche Bann des Glasschranks ein für alle Mal gebrochen. Das Schlänglein ist in dieser Gestalt nie wieder an mich herangetreten. –
Der Rest des Abends aber war schön!

Wie's früher war

In unserer Wohnstube gab es einen Gegenstand, der sehr einfach aussah, es aber doch in sich hatte – unsere rot gestrichene Ofenbank.

Im Sommer hatte sie eine Nebenbuhlerin, von der sie sich völlig verdrängen ließ, die zierliche Gartenbank, die im weißen Kleid in der Bohnenlaube stand. Aber wenn der Winter kam …!

Frau Ofenbank war eben auf den Winter eingeschworen. –

Von der Kleinartis[22] her kam mit leisen Schritten die Dämmerung gegangen. Dicker, weicher Schnee deckte die Ackerbreiten, die Dächer, die Dorfstraße. Hin und wieder klang es ferne oder näher: „Klingling" – Schlittenglocken! Am Nemmersdorfer Walde war nur noch ein schmales, gelbrotes Streifchen vom Winterkleid des Tages zu sehen.

Ich saß am Fenster und hatte schon vor einer Weile die fünfte Stricknadel in das zusammengerollte Strickzeug gesteckt. Hanna, die eben vom „Beschicken"[23] gekommen und die über das Winterobst zu sagen hatte, legte Äpfel zum Braten in die Röhre. Einen Augenblick fiel der Feuerschein des Ofens auf ihre schmale Gestalt – Vater krückte soeben die Glut auf, um noch ein paar Stücke Holz für den Abend nachzulegen.

22 *Name des benachbarten Waldes*
23 *Versorgen der Tiere (G. L.)*

„Na, Martha", sagte er scherzend zur anderen Schwester, die für Mutter Webespulchen machte, „dein Wocken[24] geht ja schon nach der Melodie: Kommst du nicht heut, so kommst du doch morgen. Nu hör doch man auf!"

Nur Mutterchen saß noch am Webstuhl. Mit surrendem Geräusch flog das Schiffchen durch die bunten Fäden des Aufzuges. Jedes Mal sagte dazu die Kammlade: Klapp-klapp!

Jetzt reckte sie sich ein bisschen. „Ja, einer merkt gar nicht, dass es dunkel wird, wenn man so in der Arbeit steckt." Sie stand auf und ging ein paarmal in der Stube auf und ab, Martha und ich hatten uns in ihre Arme gehängt.

Braun liegt die Schleppe der Dämmerung auf den Dielen. Am Fenster sieht man weiße, weiche Flocken herunterrieseln. Immer mehr – immer mehr! „Na, bitte schön", sagt die Ofenbank.

Eine Weile geht das Gespräch über den vergangenen Tag. Herr D. aus Adamlauken hat angefragt, ob Vater es übernehmen möchte, seinen Sohn für das Seminar vorzubilden, aber Vater hat ihm geraten, den Sohn lieber in die Präparandenanstalt zu geben.

Mutter nickt. „Ja, das is jetzt eine andere Vorbildung als zu meines Vaters Zeit! Wenn ich noch so denk –"

Martha und ich drücken uns die Hände, es ist zu schön, wenn Mutter „n o c h   s o   d e n k t" – wir sind in keinem Fall willens, uns die gute Gelegenheit vorübergehen zu lassen. „Wie war das doch eigentlich mit Großvater?", fragt Martha unbefangen.

„Ach, ich glaub, das habe ich euch schon d r e i m a l erzählt!"

„Nein, nein, Mutterchen!" Und es ist keine Unwahrheit, wenn wir „nein" rufen, sie hat es uns nicht d r e i m a l, sie hat es uns wohl schon z e h n m a l erzählt.

Und auf unser dringendes Bitten ist sie so gut, es zum elften Mal zu tun. –

_____

24 Spinnrad

Es war die alte Sache mit dem Lehrerblut gewesen. Wenn Großvater an dem Schneidertisch gestanden, um für den Nachbarn einen neuen blauen Abendmahlsrock mit langen Schößen zu machen, so war es ihm auf einmal eingefallen: „Fasten und leiblich sich bereiten, ist wohl eine feine, äußerliche Zucht ..." Großvater hätte d e n im ganzen Dorf sehen mögen, der das noch bis zu Ende konnte. Er konnte es bis zu Ende. Ach, sein Vater hätte ihn doch auch sollen Schulmeister werden lassen, wie er's selbst war. Schade – schade!

Und ein andermal, ganz ohne äußere Veranlassung, sprang ihm von der Dorfstraße her durch das geöffnete Fenster der Gedanke in die Stube: „Wie hübsch muss das sein, wenn solch eine kleine, liebe Bande vor einem sitzt, und man sieht in all den groß aufgeschlagenen, horchenden Augen den Stern von Bethlehem aufgehen!" Wenn einem so etwas ganz ohne äußere Veranlassung einfällt, ist es ein Zeichen, dass es ernst um einen steht!

Ja, wenn nur die schwere Schulmeisterprüfung nicht wäre! Für einen Mann von über vierzig Jahren ...!

Aber eines Tages sagte es in Großvaters Herzen ganz deutlich – „das war eben das Lehrerblut", betonte Mutterchen – „Ich wag's! Ich muss und m u s s es den Kindern beibringen, wie herrlich Gott die Welt geraten ist!" Und eine Kraft, von der er nicht wusste, woher sie ihm kam, schob ihn Schritt für Schritt vorwärts, sodass es ihn schier verwundern musste, auf einmal bei Hochehrwürden im Studierzimmer zu stehen.

„So, so", sagte Herr Pfarrer K., „so, so!" Und dann fing er an, Großvater zu prüfen. „Wie heißt die fünfte Bitte? – Die Erklärung vom achten Gebot?"

Großvater sagte beides ohne anzustoßen her.

„Schreiben können Sie?"

„Jawohl, Herr Pfarrer!"

„Und Gedrucktes und Geschriebenes lesen auch?"

„A u c h !", sagte Großvater mit Würde.

„Na – da möchten wir noch einmal das Lied hören: Hallelujah, Lob, Preis und Ehr!"

Bei den ersten Worten schwankte Großvaters Stimme wie ein Kahn auf hoher See. Aber der Bootsmann hielt wacker aus. Und als er an die Stelle kam: „Klinget, singet: Heilig, heilig, hoch und herrlich ist Gott – unser Gott, der Herr Zebaoth", da hatte er sich die Schulstelle zu Kiaulkehmen, Kreis Gumbinnen, ersungen und damit ein Eiland erreicht, das wir Mädel jetzt bis auf jeden Grashalm, zum Mindesten bis auf jede Erdbeerstaude kennen. „Klinget, singet …!"

„Sag mal, Mutterchen, ist das wirklich die ganze Prüfung gewesen?", fragt Hanna.

Mutter nickt. „Die g a n z e Prüfung! Wir Kinder waren ja so schlau, wir wussten Großvater immer wieder darauf zu bringen! Da hat er's uns wohl zehnmal erzählt. – Ja, was ist dabei eigentlich zu lachen, Martha?"

Vater schmunzelt ebenfalls; er geht jedoch über Mutterchens Frage hinweg und meint: „Man muss aber auch nicht vergessen, wie wenig Großvater für seine Leistungen b e - k a m ! Unser altes Haus zusammen mit dem Dorfhirten. Und außer dem Schulland sieben Taler bar!"

„Monatlich?"

„I, Kind, wo denkst du hin! Jährlich natürlich. Sieben Taler jährlich! – Wundern muss ich mich aber doch noch heute, Minchen, wie gut dein Vater sich allmählich ins Unterrichten hineingefunden. Ich glaub, unsere Schule war im Kirchspiel noch eine von den besten."

Aber dann übermannt Vater plötzlich eine große Heiterkeit, und er fährt fort: „Besinnst du dich auch noch auf das blaue Buch?"

Ja, gottlob, Mutterchens himmlische Güte besinnt sich noch auf das blaue Buch. Es muss aber auch etwas gar zu Hübsches darum gewesen sein! Während wir in unserem Schulschrank drei Bretter voller Realienbücher haben, war dort der ganze Stoff in schöner Kürze in das eine Büchlein zusammengefasst, und zwar in der Form von Frage und Antwort. Wer das blaue Buch gut auswendig konnte, wusste auf allen Gebieten Bescheid. Der eine Schulmeister hatte es immer vom andern abgeschrieben, sich als „freidenkender" Mann kein Gewissen daraus machend, gelegentlich einmal ein paar Seiten wegzulassen oder auch ein eigenes Bild einzufügen. Und allmählich war es dann zu seiner verblüffenden Knappheit und seinem guten Stil gekommen.

Wenn z. B. die Frage lautete: „Was tat Napoleon nach den großen Veränderungen der Dinge?" – so waren diese „Veränderungen" und diese „Dinge" nicht etwa vorher weitschweifig besprochen worden! Wozu? Es genügte ja sicher vollständig, wenn darauf im Chor die prompte Antwort erfolgte: „Er zog sich Pelzrock und Pelzstiefel an, warf sich im Schlitten und jug über Warschau und Dresden nach Paris!"

Während Mutter dies erzählt, ist in unserer Ofenbankecke eine große Lustigkeit ausgebrochen. Es ist, als ob die Dämmerung mit feinen, silbernen Schellen läutet.

„Sagtet ihr wirklich so, Mutterchen?"

„B u c h s t ä b l i c h, Kinder!"

Und auch Vater will nicht zurückstehen und gibt ein Stück Geografie aus dem blauen Buche wieder: „Was ist eine Festung? – Eine Festung ist eine Stadt, welche mit Graben, Wallen und Mauern umgeben ist und zum Schutz gegen die Feinde im Kriege abzuhalten!"

Der Erfolg ist wiederum ein durchschlagender. Aber diesmal lachen wir Mutter doch vielleicht gar zu laut – sie wird sehr ernst und drückt ein wenig meinen Arm. „Nun dürft ihr mir aber nicht denken, euer Großvater wär ein beschränkter Mensch gewesen. Das hielt ich gar nicht aus – und es stimmt auch nicht!"

„Um Gottes Willen", sagt Vater eifrig. „Er hat den Unsinn oft genug aus seinem eigenen Erinnern und Verstehen ergänzt und verbessert. Und er hat uns e r z o g e n ...! Das ist mehr als u n t e r r i c h t e n. Mit welcher Liebe denken all die älteren Leute im Dorf noch an ihn! Solch ein lauterer Mensch!"

Die liebe Mutter ist sofort beruhigt. Und da wir einmal ins Fahrwasser gekommen, erzählt sie uns noch den hübschen Scherz aus R., der aber mit dem blauen Buch nichts mehr zu tun hat. Der Herr Schulmeiser soll bei einer Revision über den Tau sprechen. Er stellt sich würdevoll vor die Klasse. „Kinder, wie viel Taue gibt's?" Ein Meer von ausgestreckten Händen spottet über die gar zu leichte Frage. „Zusammen!"

„Es gibt drei Taue – Morgentau, Abendtau und Mehltau!"

Doch wir Mädel haben unsern Familienstolz, wir bleiben lieber bei den Unsern. „Aber Mutterchen, ich kann es doch gar nicht verstehen, woher du bloß das Richtigsprechen hast, wenn ihr in der Schule doch –"

Und nun sind wir wieder im Geleise. „Ich – richtig sprechen! Na ja, da war doch der Herr Pfarrer V. in Nemmersdorf –"

Martha und ich sind selig. Wir hören ja zu gern von Pfarrer V. aus Nemmersdorf. Schon weil die Eltern sich fast jedes Mal um ihn ein wenig zanken – so ganz, g a n z ein wenig! Mutter streicht ihn scherzend heraus, Vater zügelt scherzend ihren Eifer. Das macht uns Spaß.

Also Pfarrer V. ist ein Mann gewesen, hochgewachsen – vornehm – ablehnend. Unser jetziger lieber, prächtiger Pfarrer D., auf dessen Revision wir uns tagelang freuen und der sich aus allen Dörfern die kleinen Waisen zusammensucht, hätte neben ihm nicht aufkommen können! Zwischen sich und seinen Bauern und Lehrern hat er „eine Kluft befestigt gehabt, dass, die da wollten zu ihm hinüberfahren, es nicht könnten …!" Dabei war er sehr freundlich! Meine Großmutter hat einmal den Verstoß gemacht, ihm einen Stuhl anzubieten. Das hat er gar nicht übel genommen, sondern nur lächelnd gesagt: „Gute Frau, wenn ich mich setzen w i l l, werde ich es schon von selbst tun – das glauben Sie mir!" Großmutterchen haben noch nach einer halben Stunde die Knie gezittert.

Als Mutter dann zu ihm zum Konfirmandenunterricht gegangen, hat er ihr erlaubt, das Gelernte mit den schwächern Kindern nach der Stunde durchzuarbeiten. Immer von Neuem! Immer wieder von Neuem! Bis die Hauptstücke und die einschlägigen Sprüche und Gesangbuchslieder fest saßen für alle Ewigkeit. Und Herr Pfarrer saß im Winter schon lange beim duftenden Kaffee oder wohl gar bei der Studierlampe, wenn das Kiaulkehmer Schulmeistertöchterlein hungrig und erfroren ihre Bücher in das rotbunte Taschentuch einband und sich auf den Heimweg machte. Aber ob's regnete oder schneite, was schadete das? Sie war fast ebenso stolz wie der Herr Pfarrer selbst, hatte sie ihm doch helfen dürfen! Und in ihrem Bündlein trug sie neben Katechismus und Bibel einen Band Nieritz, die Volksmärchen von Musäus und die Bürger'schen Gedichte heim! Herr Pfarrer hat, als sie ihm den Schlüssel der Konfirmandenstube gebracht, von seinem Schreibtisch so viel Bücher aus dem Regal genommen, wie er gerade mit einer Hand fassen konnte. „Lies – es bildet! Und wenn mal was nicht passen sollte: Dem Reinen ist alles rein."

O – und Mutter las! Sie las sich in eine andere Welt hinein. Es kam ein Reichtum über sie, dass die engen Dorfgrenzen ihn nicht fassen konnten und sie in die Höhe bauen musste, ihn zu bergen. Immer höher! Bis in den blauen Himmel hinein! –

Hanna legt mir auf einmal ganz leise die Hand auf die Schulter. Wir fühlen, dass etwas Unerklärbares, Heiliges uns berührt – ein Duft aus dem Blütengarten unserer Mutter.

Die sitzt vornübergebeugt da. Und jetzt lösen sich aus ihren Träumen plötzlich geheimnisvolle Gestalten, beginnen zu flüstern, zu reden – Bürgers Lenore jagt uns einen Schauer übers junge Herz. Das ist der Höhepunkt einer Dämmerstunde bei uns, wenn Mutter uns eins der vielen Gedichte vorträgt, die sie aus jener Zeit eingeheimst, fast ausschließlich Balladen. Sie hat überhaupt von klassischen Sachen viel mehr gelesen als Vater, trotzdem der doch ein „gelernter Lehrer" ist.

Als sie jetzt vom Lichtanstecken spricht, wagen wir keinen Widerspruch, der eine aus Bescheidenheit, der andere aus Gruseln über den blassen Freier Lenorens.

Hell flammt ein Fidibus auf, den Martha im Ofen entzündet, die Petroleumlampe schickt als ersten Gruß eine kleine Rauchsäule nach der Decke. „Runterschrauben, runterschrauben!", ruft Vater, und das passt ebenso gut auf die Lampe wie auf unsere Gedanken, die nun langsam zur Wirklichkeit zurückkehren müssen.

So benutze ich denn noch den letzten Augenblick und frage eilig: „Und der Herr Pfarrer, Mutterchen?"

Sie lacht mir zu: „Na, der freut sich noch im Himmel über mein richtiges ‚Mir und Mich', was Martha vorhin so anerkannte. Denn dazu hat allein e r mir verholfen durch die vielen schönen Bücher, die er mir jahrelang geborgt hat! Mein lieber, alter Pfarrer!"

Aus Vaters Augen blitzt der Schalk zu Mutter hinüber. „Na meinst du, dass er durch die Himmelstür gekonnt hat? Ich hab mir sagen lassen, dass man sich da sehr b ü c k e n muss!"

Aber das war, wie gesagt, von Vater nur ein Scherz. Er hat es uns ja selbst gelehrt, dass der liebe Gott über- und übergenug Humor hat, über solch kleine Torheiten seiner Kinder hinwegzulächeln.

Am andern Tage, als wir wiederum in der Dämmerstunde in unserer Ofenbankecke sitzen – Hanna und Martha auf niedern Stühlchen, die Eltern und ich auf der Bank –, beginnt Vater ganz ungebeten, uns von Mutterchens Ururgroßvater zu erzählen. Ich habe meinen Arm durch den seinen gesteckt, bei den schönen Stellen drücke ich ihn an mein Herz.

Vater erzählt, dass bis vor fünfzig Jahren in unserm Dorf ausschließlich Hugenottenfamilien gewohnt. Er zählt die Namen auf: Genée, Matthée, Harpin, Voullième, Girardin usw. Vier davon sitzen ja noch heute auf den hiesigen Bauernhöfen. Mutterchens Urahn ist seinerzeit mit andern Glaubensgenossen wohl aus der heutigen französischen Schweiz in unser Dorf gekommen, das damals von der schrecklichen Pest völlig entvölkert gewesen. Müde vom Kämpfen und Wandern, hat er sich hier niedergelassen. Es scheint, als ob er unter den Eingewanderten eine führende Stellung eingenommen, denn während die andern sich sofort mit Ackerbau zu beschäftigen begannen, ist es allen selbstverständlich gewesen, dass er sich daranmachte, die Dorfjugend zu unterrichten.

„Viel wissen wir ja leider nicht von ihm", unterbricht Vater sich selbst, „nach dem wenigen, was sich von Mund zu Mund weitergesprochen, muss er ein sehr verschlossener Charakter gewesen sein. Selbst mit seiner Frau hat er nur das Notwendigste geredet und ihr niemals von seiner Herkunft und Heimat erzählt."

Niemals von seiner Heimat – das fassen wir nicht. „Das wird unser Albert in Amerika wohl anders machen", meint Hanna.

Mutter schickt einen sehnsüchtigen Gedanken zu ihrem fernen Liebling. „Der hat sich von der Heimat aber auch keine Wunden mitgenommen wie der Urahn!"

„Ja, das ist wahr! – Aber stammte die Urahne nicht auch aus der Schweiz?"

„Soviel ich weiß", antwortete der Vater, „war sie ein Dorfkind aus der Nachbarschaft. Und denkt bloß, die beiden sollen nicht mal zusammen an einem Tisch gegessen haben. Der Mann aß in der Stube, die Frau in der Küche."

Ich lache hellauf. „Wie war das möglich …! – Na, vielleicht musst' sie ihm immer was besonders Schönes kochen?"

Das lehnt Mutter entschieden ab. „Wo sollt' sie's denn herhaben? Die Armut saß ja in allen Ecken. Ich denk, es war ihm wohl mehr um das Wie des Essens! Denn die Franzosen haben es doch sehr mit den feinen Manieren!"

„Ganz egal", sagte Martha schnippisch, „dann hätt ich eben in der Stub gegessen und e r in der Küch!" Wenn ich mal heirat –"

Nach längerem Hin und Her erzählt Vater weiter. Kurz vor seinem Tode hat der Urahn allerlei Bücher und „geschriebene Schriften" aus einer alten Truhe herausgenommen, und sein Junge, der im Winkel gesessen, hat sich sehr gewundert, dass aus den Schriften Bänder mit Kapseln herausgehangen hätten. Der Ahn hat sie noch einmal durchgelesen, Träne um Träne ist ihm dabei über das fein geschnittene, gelbliche Gesicht gelaufen. Was mag sein Auge, in dem jener eigentümliche Blick glühte, der über hundert Meilen, über lange, graue Jahre zu tragen vermag, wohl geschaut haben? Die blühende Heimat, eine weite Halle, durch deren Bogenfenster die Gipfel schneebedeckter Berge blickten? Sah er eine Schar streng blickender Calvinisten zum heimlichen Gottesdienst um den Hausaltar versammelt: „Das b e d e u t e t mein Blut, das b e d e u t e t meinen Leib …!?"

Plötzlich ist der Ahn zusammengezuckt, als hätte ihn irgendeine besondere Erinnerung gepackt. „O ja, das ist nichts Neues mehr, seit das Edikt von Nantes aufgehoben! Vogelfrei, wer nicht der alleinseligmachenden Kirche schwört!" –

Langsam, drohend entzündet sich ein Feuer in seinen eingesunkenen Augen. „Lieber arm auf fremdem Boden, erblos, heimatlos, als unfrei, zu glauben, zu denken nach eigenem Erkennen! Ein feste Burg ist unser Gott!"

Und dann: Langsam nimmt die zitternde Hand Buch um Buch. „Lass fahren dahin." Die verrostete Schere gehorcht nicht gleich, aber nun ist's geschehen – sorgfältig ist überall der eingeschriebene Name herausgeschnitten.

Und nun die alten Urkunden! Wozu? Ein Preuße braucht keine französischen Rechte! Er wird sich neue erkämpfen, bessere. Hoch lodern die Flammen im Kamin …! Ein ostpreußischer Dorfschulmeister sitzt gebückt auf seinem niedern Holzschemel – und friert. –

Martha liegt schluchzend der Mutter am Halse. „Ich hätt ihn doch i m m e r in der Stube essen lassen. Ich hätt überhaupt selbst gar nicht gegessen, damit er's besser bekommen! Wenn ich mal heirat –"

Hanna ist stumm. Aber ihre Augen leuchten durch die Dämmerung. Sie hat den Blick vom Urahn, der über hundert Meilen, über lange, graue Jahre trägt.

Auch ich kehre nur mühsam aus einer andern Welt heim. „Warum hat er den Namen aus den Büchern rausgeschnitten?", frage ich leise. „Wir wissen doch, dass er V. … hieß!"

„Er nannte sich hier so. Man muss aber wohl annehmen, dass sein wirklicher Name anders war. Der Onkel aus Neunischken sagt, jene Bücher seien noch vorhanden." –[25]

„Und dauerte es lang, bis die Eingewanderten bei uns ein richtiges Zuhause hatten, weißt du, so, dass sie sich nicht mehr bangten?"

Vater schüttelt den Kopf. „Ich glaub, nein! Sie atmeten deutsche Luft und hörten das deutsche Wort, da wurd' sicher ihr Herz bald deutsch." –

An diesem Abend sind wir derart in die Vergangenheit hineingekommen, dass die Stimmung vorhält, auch als Hanna die Lampe bringt. Vater hat ein Referat für die nächste Kreislehrerkonferenz auszuarbeiten, da heißt es ohnehin, sich ruhiger als sonst zu verhalten. So sitzen wir andern denn schweigsam im Kreise und lüften Bohnen aus. Es gibt ein fortgesetztes Knistern und Rascheln der trockenen Hülsen. Unsere Gedanken wandern ... wandern ...

Endlich sagt Martha, während Vater einmal eine kleine Pause macht: „Nun möchte ich bloß noch gerne wissen, ob die

---

25 *In der Erinnerung werden hier offenbar mehrere Personen zu einer vermischt. Friedas Mutter war eine geborene Vouillème (später Voullieme geschrieben), ihre Vorfahren kamen alle aus der französisch-sprachigen Schweiz, und zwar als Wirtschaftsflüchtlinge (die engen Gebirgstäler konnten die wachsende Bevölkerung nicht mehr aufnehmen). Welche Berufe sie hatten und ob sie Urkunden mitgebracht haben könnten, weiß ich nicht. Jedenfalls kommt von hier das „Lehrerblut". - Der Urgroßvater mütterlicherseits ihres Vaters dagegen war Abraham Bouvain, dessen Vater Lievain und Großvater Laurent nach Aufhebung des Edikts von Nantes und dem Frieden von Utrecht 1714 als Hugenotten aus Frelinghien bei Lille (Nordfrankreich) gekommen waren. Laurent war dort u. a. Schöffe gewesen und kann also Urkunden usw. gehabt haben. – Abraham hat eine Einheimische geheiratet und könnte also derjenige gewesen sein, der seine Frau in der Küche essen ließ. – Die Familie Jung kam vermutlich im Zuge einer großen Einwanderungswelle 1721–1725 aus Nassau. Der älteste bekannte Jung, Anton Nathanael, war Schäfer im Kirchspiel Göritten, Kreis Stallupönen; er verbrachte seinen Lebensabend bei seinem Sohn Johann Daniel, Schneidermeister in Insterburg, wo er 1825 im 103. Lebensjahr verstarb. 1831 kaufte sich die Familie in Kiaulkehmen an. – Alle Einwanderer kamen auf Einladung des Preußenkönigs Friedrich Wilhelm I., der das durch die Pest 1709 weitgehend entvölkerte Ostpreußen wieder besiedeln wollte. (G. L.)*

Eingewanderten in unsere Gegend eine" – sie sucht ein bisschen nach dem Wort – „na eine größere Kultur brachten?"

„Das darf man wohl annehmen! Dass in unserm Dorf so wenig Aberglaube und so erstaunlich wenig Volksgebräuche zu finden sind, ist wohl jedenfalls auf sie zurückzuführen. Ich denk mir, sie mögen sich gesträubt haben, etwas anzunehmen, das ihrem ausgeprägten Verstand nicht einleuchtete – und da sie in der Überzahl waren, mussten die anderen mit."

Vater ist zu unserer Freude wieder mittendrin und lässt seinen Gedanken noch ein wenig die Zügel schießen. Wir sehen die Emigranten mit etwas steifen, bedächtigen Schritten durch unsere heimatlichen Felder gehen – in meiner Vorstellung sehen sie alle aus wie Onkel Fritz, der nebenan wohnt – und hören, wie sie sämtliche mit Wollfäden zusammengebundenen Halme einfach für z u s a m m e n g e b u n d e n e H a l m e erklären. Und das weiß man in anderen Dörfern doch genau, dass das ein böser Zauber ist, der das Getreidefeld unfruchtbar macht. Sie aber sagen: „Es ist der einfältige und schlechte Streich des Nachbars."

Auch die Geisterwelt sehen wir vor ihnen in nichts zerfliegen. Die „Schleier" der Spukgestalten hielten nicht stand vor ihren derben Krückstöcken – o weh, nun ist's Nachbars Heinrich, der Äpfel stehlen wollte.

Vater meint, es wäre während der letzten beiden Generationen nur einer einzigen Hexe geglückt, auf der Kiaulkehmer Dorfmark ein kümmerliches Dasein zu fristen. Das sei aber auch noch nicht einmal eine ganz richtige gewesen, denn sie hätte nichts weiter verstanden, als mit hoher, hohler Stimme zu verkünden, wenn irgendwo ein Stück Rindvieh gefallen. Bis in die Gegenwart aber habe sich seines Wissens nur die Kornmutter gerettet, welche Kinder, die ins Getreide gehen, aus ihrer eisernen Brust zu Tode säugt.[26]

---

26 Die „Kornmutter", auch „Kornmuhme" genannt, dürfte einen realen Hintergrund haben: Wenn ein kleines Kind, von den blauen Kornblumen angelockt, in das mannshohe Kornfeld geht, verliert es die Orientierung, läuft hin und her, bis es vor Erschöpfung umfällt, und wird im schlimmsten Fall erst nach Wochen bei der Ernte gefunden. (G. L.)

In Hannas Augen flimmert es. Sie ist der Ansicht, dass es eigentlich – eigentlich um das alles ein bisschen schade wäre.

„Das find ich nicht“, ruft Martha. „Alles muss so dargestellt werden, wie es wirklich ist!“

„Ja, ja! Aber wenn nachher alles so kahl ist …! Andere Gegenden haben Zauberbrunnen und Geisterwiesen – “

Und Hanna sieht aus, als ob sie imstande wäre, die versunkene Zauberwelt unserer Felder aus eigenen Mitteln wieder aufzubauen.

Die Uhr schlägt neun. Auf Mutterchens Wink hole ich einen Korb und fange an, die dürren Bohnenhülsen hineinzupacken. Es ist ein Geraschel, dass ich Vaters Stimme nur wie von fern höre. „Ob die Eingewanderten den Bauern der Umgegend an Schulbildung überlegen waren, weiß ich nicht. Von eurem Urahn kann man's ja mit Bestimmtheit annehmen. Aber wenn's auch der Fall gewesen – die Quelle, aus der sie geschöpft, lag im fernen Land; in der neuen Heimat sickerte nur gerade so viel aus der rauern Scholle, dass jeder seinen Namen schreiben und Gedrucktes lesen lernte. Viele, viele Jahre hindurch gab es in Kiaulkehmen nur im Winter regelmäßigen Unterricht, im Sommer hatten Schulmeister und Schüler Besseres zu tun. Da könnt ihr euch ja denken …“

Wir denken es uns. Und auch all das andere, das am heutigen Abend an uns vorüberging, fliegt, als wir unsere Lagerstatt aufgesucht, noch einmal an uns vorüber. Dann verändert sich's plötzlich. Einer der Emigranten will durchaus, dass ich hexen soll. „Sehr gern“, sage ich freundlich und falle in einen tiefen, tiefen Schlummer. – In unserer Wohnstube ist es ganz dunkel.

Die Ofenbank träumt: E s   w a r   e i n m a l !

Hanna

Eines Tages – ich war etwa 10 Jahre alt – kam unsere Hanna aus Gumbinnen nach Hause und brachte sich ein rundes, schneeweißes Sommerhütchen mit, das als einzigen Schmuck einen hellblauen Gazeschleier trug. Es kostete noch ein paar Silbergroschen weniger, als die Eltern dafür ausgesetzt, aber Mutter schüttelte missbilligend den Kopf.

„Jetzt, wo alle die faustgroßen Mohne tragen! Das ist ein Hut für Fräulein von L., aber nicht für dich! Musst du denn immer alles anders machen wie die andern Mädchen?"

Hanna stand vor dem Spiegel in der Putzstube, sah aber an ihm vorbei in die schneeweiße Pracht der blühenden Kirschbäume draußen im Garten. Auf ihrem Gesicht lag eine solche Niedergeschlagenheit, dass ich es nicht aushalten konnte und hinauslief, bevor sie noch antwortete.

Von unserm Bleichplatz aus führte ein schmaler Steig – die „Grenze" genannt – nach dem „Ellerngraben". Ein blutjunges Wässerlein lief hier zwischen zwei Abhängen mit bloßen Füßen unserer Wiese zu – ich konnte stundenlang am Rande sitzen und ihm zuhören, weil es so lustig war. Unzählige Blumengesellschaften hatte ich hier schon erlebt; im Sommer werden dabei immer Erdbeeren herumgereicht. Die Erlenmütter, die dabeistanden, sagten, Gundermännchen und Ehrenpreischen sollten sich ja nicht den Magen verderben, es gäbe abends noch frischen Tau. –
Aber heute sah und hörte ich gar nicht hin. Ich saß auf ei-

nem breiten, grünen Ast und zerbrach ein dürres Zweiglein, das ich irgendwo beim Herlaufen aufgehoben, in kleine Stückchen.

Grässlich ist das in der Welt, dass jeder immer alles so machen soll, wie's die a n d e r n machen! Vater sagt es nicht so oft, aber –

Ich wollt' es nicht zu Ende denken, doch das kleine, vorlaute Wasser sagte: „Aber Mutterchen!"

Ja, Mutterchen sagte es in der letzten Zeit oft. Niemals zu Martha. Niemals zu mir. Immer bloß zu Hanna. Zu der armen Hanna

Aber das fühlte ich doch bei all dem unsäglichen Mitleid für die Schwester: G r u n d h a t t e Mutterchen dazu!

Und sie war ja auch niemals auf Hanna b ö s e!

Und wenn's nun mal wirklich nicht erlaubt i s t, anders wie die a n d e r n zu sein …

Ich dachte an den vergangenen Sonntag im Walde. Die Quitschen[27] blühten so schneeweiß, und alle waren so lustig. D.s Otto, der auf Militärurlaub war, hatte Martha an die langen Zöpfe genommen und lief mir ihr rund um die Wiese. Und Hanna flocht Kränze für die andern Mädchen, und wir Kinder suchten Waldmeister.

Auf einmal sagte Base Mariechen: „Wir wollen Rundspielchen spielen!" Es wurde ein großer Kreis geschlossen, und wir sangen:

„Ich habe der liebenden Kinder so viel,
Ich weiß nicht, wie ich sie ernähren soll,
Und denke so oft und so vielmals daran,
Wie ich sie doch alle verheiraten kann!"
„Nun höre, mein Kindchen, jetzt red ich zu dir!"
„Herzliebster Papa, was befehlen Sie mir?"
„Ich hab gehört, du seist verliebt,
Und bitte zu küssen, der neben dir steht!

---

27 Ebereschen

Und küsse nach hier, und küsse nach da,
und küsse auch deinen herzliebsten Papa!"[28]

Und diejenige, vor welcher der junge Mann, der in der Mitte des Kreises war, stehen blieb, die küsste nach hier und küsste nach da und küsste auch den herzliebsten Papa.

Und bloß Hanna nicht! Alle taten's – bloß Hanna nicht!

Da hört' ich's deutlich, wie einer der jungen Leute sagte: „Die hat einen Nagel – so lang!" Und bei den andern Spielen rief keiner sie mehr in die Mitte – kein Einziger. –

Und dann damals auf der Einsegnung bei K.s, wie der junge Gutsbesitzer aus R. so viel Witze machte und die andern Mädchen immer um ihn herumstanden und kicherten und lachten! Was er sagte, verstand ich nicht, bloß dass Hanna auf einmal den Mädchen zuflüsterte: „Kommt doch in den Garten! Was geht uns eigentlich der fremde junge Mensch an?"

Es war aber keine von ihnen mit ihr mitgegangen. Wir beide hatten nachher allein in der Laube gesessen und Hanna hatte mir gezeigt, wie man Blumen presst. Und wie Mutter, die nicht gleich zum Fest hatte mitkommen können, mit Vater erschienen war, hatte diese ein trauriges Gesicht gemacht. –

Das dürre Ästchen war längst unter meinen Fingern zerbrochen. Dass das gerade unserer Hanna passieren musste, anders wie die andern zu sein …! Und gedankenverloren schaute ich hinauf zum Wipfel des Baumes. Da – was war das?

Ganz hoch oben in der Krone schaukelte kaum merklich im Winde eine kleine, kleine Vogelwiege. Ein heißes Entzücken kam über mich. Auf den Zehenspitzen hoch aufgereckt stand ich andächtig da. Wenn mich nun jemand gefragt, warum ich eben noch so traurig gewesen – ich hätt's nicht mehr gewusst. – Aber einige Wochen später, am Hochzeitstage von Martens Minna, da fiel's mir wieder ein.

---

28 *Altes, in Deutsch-Litauen sehr gebräuchliches Volksspiel. – („Deutsch-Litauen" – oder „Preußisch-Litauen": alte Bezeichnung für den nördlichen Teil Ostpreußens, weil hier schon zur Ordenszeit und nach der großen Pest 1709 neben den anderen Einwanderern auch viele Litauer gesiedelt haben. G. L.)*

Das war herrlich, dass der liebe Gott wieder einmal eine Hochzeit im Dorf eingerichtet hatte! Wir standen bereits in unserm Staat alle fix und fertig in der Stube, und Vater und Martha versuchten, aus den einzelnen hohen Tönen, die vom Hochzeitshaus her zu uns herüberhüpften, eine Melodie herauszuhören.

„Na Kinderchen, los – los", sagte Vater endlich zu Mutter, die an Hanna immer noch etwas zu stecken, zu zupfen, zu schmücken hatte. „Es ist jetzt wirklich Zeit!"

„Geht nur vor, wir holen euch in einer Minute ein!"

Als die beiden aus der Tür waren, legte Mutter beide Arme um Hanna. „Und was ich dich noch bitten wollt, mein trautstes Kind – misch dich doch heut mal so recht fröhlich unter die Jugend! Was soll bloß aus dir werden, wenn du immer und immer so abseits stehst?"

Unser gutes Mutterchen sah in ihrem schwarzseidenen, „ganz neu umgeänderten" Trauungskleid und dem feinen, weißen „Spitzenaufsatz" auf dem glatten Scheitel so lieb und besorgt aus. Und sie redete die Sprache, die jener Zeit allgemein eigen. H e u t würde sie gesagt haben: „Quäle dich nicht damit ab, mein Kind, etwas zu tun, was deiner innersten Natur widerstrebt! Hast du keine Freude an Tanz und Spiel – sieh doch, wie viel wundervolle Arbeit auf allen Wegen liegt. Greif zu, mein Kind, greif zu! Wähle dir deinen Beruf!"

Und Hanna würde aufatmend den Maßliebchenkranz aus ihrem dunkelblonden Haar genommen haben, und ihre zarte Gestalt hätte sich ordentlich gestreckt vor Kraft und Freude: eine Aufgabe, eine Aufgabe! –

Aber wie's damals in der Zeit und in unserm engen Dorfe lag, blieb der Maßliebchenkranz auf ihrer schlichten Haarkrone, und sie sagte nur leise: „Ich werd mich heute wirklich zusammennehmen, Mutterchen!" –

Am Pillkuhn'schen Hof holten wir Vater und Martha ein. Jetzt kam uns die Hochzeitsmusik bereits mit festem, klingendem Marschschritt quer übers Feld entgegengegangen. „Ich hatt einen Kameraden, einen bessern find'st du nit!"

Mir ist, als ob etwas Unsichtbares, Wunderschönes uns beide Hände entgegenstreckt: „Willkommen – willkommen!" Unsere Füße berühren in gleichem Schritt und Tritt den Boden. Vom hohen Giebel des Hochzeitshauses weht eine Flagge in die Welt hinein, so lustig, so froh! Ja, ja, die Erde ist ein Paradies – heut haben's die Kiaulkehmer eingesehen.

Wie wir auf den Hof kommen, der mit grünen Tannenzweigen bestreut ist, und das Begrüßen beginnt – alle Tanten[29] und Mädchen küssen sich untereinander, die Männer reichen sich meistens nur die Hand –, sieht es aus, als ob es überhaupt nicht unsere Kiaulkehmer wären, so fein sind sie alle. Die Alten im Kirchenanzug, die Platzmeister[30] mit Sträußchen im Knopfloch! Ihre braun gebrannten Gesichter mit den weißen Stirnen sind über und über mit Lustigkeit bedeckt. Am liebsten möchten sie ein bisschen juchzen[31], doch das schickt sich nicht vor der Trauung.

Und die Brautjungfern, die Brautjungfern! Zu Hause dacht' ich, Hanna und Martha würden die Feinsten sein, aber sie kommen nur gerad so mit! Na Gott sei Dank, dass sie wenigstens noch mitkommen. Es fällt mir so ein, dass für ein junges Mädchen eine Hochzeit dasselbe ist, was für eine Blume der Frühling oder der Sommer: Auf einmal stehen sie ganz in Weiß oder Rosa oder Blau oder Gelb! Base Mariechen ist eine Rose geworden, unsere Martha ein Schlüsselblümchen, Martens Malchen, die eben die Eltern zum Brautpaar führt, ein Vergissmeinnicht.

Und Hanna?

Ich suche in meinen Gedanken nach einer besonders schönen weißen Blume. Sie sind mir alle nicht gut genug. „Edelweiß", sage ich auf einmal ganz laut, „Edelweiß", und hatte doch in Kiaulkehmen noch nie eines gesehen!

Was mir heut aber den großartigsten Eindruck macht, ist doch die Braut. Sie trägt einen Schleier am Kranz befestigt,

29 Alle Frauen im Dorf, mit denen man verkehrte, wurden von den Kindern der Nachbarn „Tante" angeredet.
30 Führer der Brautjungfern
31 Jauchzen

der so lang ist wie ihr Kleid. Wozu mag das sein? Wir haben es noch nie im Dorf gesehen. Aber es sieht s c h ö n aus! Es sieht so aus, als wenn ein schlankes Bäumchen ganz in weißem Nebel steht; man muss ordentlich suchen, dass man's findet.

Und immerfort Musik – Musik!

Ich habe mich mit Martens Lieschen, die mit mir in einem Alter ist, zusammengefunden. Wir sprechen heut hochdeutsch miteinander, obgleich die anderen trotz ihres Staates das Platt beibehalten.

„Du, Lieschen, ob die" – ich zeige mit dem Finger nach den Brautjungfern – „ob die auch alle Platzmeister bekommen werden?"

„Na wer weiß! Buttgereits Auguste und Pillkuhns Bertha und Dawideits Tille haben all welche!"

„Die gehen nachher mit ihnen vor den Altar?" „Ja – und jeder tanzt mit seiner am meisten. Und überhaupt …"

Lieschen braucht's mir nicht erst zu erzählen; ich weiß es längst: ein Mädchen, das keinen Platzmeister bekommt, steht a b s e i t s, wie Mutterchen es nennt. Wo mag doch bloß unsere Hanna sein?

Ich lasse Lieschen, ohne ein Wort zu sagen, stehen, laufe durch alle Stuben – über den Hof – durch den Garten. Überall stehen sie jetzt schon zu zweien und plaudern miteinander; es soll ja schon in einer Viertelstunde zur Kirche gefahren werden.

Wo mag bloß unsere Hanna sein?

Endlich höre ich ihre Stimme durch das offene Speisekammerfenster. „Tante Stutzki, darf ich auch von dem Mohnstriezel dazulegen?"

Ich recke mich auf den Zehenspitzen. „Was machst du da, Hanna?"

Sie steht am Tisch und packt Kuchen in einen Korb. „Na, denk mal, das hätten sie bald vergessen! Wir müssen doch Fladen[32] für die Kinder mitnehmen, die immer am Wege stehen!"

---

32 *Blechkuchen*

„I ja, da hätten wir uns gut blamiert", sagt Tante Stutzki, die Schwester der Brautmutter, „Pracherhochzeit![33] hätt's geheißen. Aber bei all der Arbeit …! Einer weiß ja gar nicht, wo einem der Kopf steht!"

„Ach, Hannachen, die andern haben schon alle Platzmeister!" –

Fünf Minuten später spielt die Musik: „Auf Gott und nicht auf meinen Rat will ich mein Glück stets bauen." Vater steht oben in der Bauernstube, rechts von ihm das Brautpaar, links die Eltern der Braut, die Gäste rings an den Wänden! Goldnes Sonnenlicht fällt durch das kleine Giebelfenster auf die mit Kalmus bestreuten Dielen. Der Schleier der Braut leuchtet in ihm auf – weiß, geheimnisvoll.

Und nun spricht Vater! Er erzählt, dass er einmal etwas Wundervolles gelesen. Eine Braut habe eine Münze geschenkt bekommen, die auf der einen Seite ein Gewässer abgebildet trug, auf dem zwei irdene Krüge schwammen. Darunter habe die Inschrift gestanden: „G e g e n e i n a n d e r z e r s c h e l l e n w i r !"

Auf der andern Seite der Münze seien zwei Zugtiere abgebildet gewesen, die man vor einen Lastwagen gespannt. Die darunterstehende Inschrift habe gelautet: „M i t e i n a n d e r s i n d w i r s t a r k !"

Und nun holt Vater aus der Tiefe seines Herzens allerlei Liebes und Schönes heraus und hält es dem Brautpaar auf seiner ausgestreckten Hand freundlich hin: Erfahrungen, Wünsche, Verheißungen. Oh – köstlich wird's werden in dem neuen, fremden Land, das sie heute betreten!

> „Mischt sich ein Glockenton dem andern,
> So klingt das Brautlied voll und rein!
> Werd't ihr g e m e i n s a m gehen und wandern,
> So wird's ein sel'ges Wandern sein."

Zu Schluss beten wir alle miteinander das Vaterunser, und dann nimmt die Braut Abschied von ihren Eltern, ihrem al-

---

33 Bettlerhochzeit

ten Zuhause. Es ist nicht Sitte, dass die Eltern zur Trauung mitfahren. Wenn die Braut aber aus der Kirche zurückkommt, ist sie in den alten Räumen schon ein Gast!

„Rrr!", fährt der erste Wagen vor. Die beiden ersten Platzmeister fassen ihre Brautjungfern – es sind die Schwestern der Braut und des Bräutigams – mit beiden Händen um die Taille und heben sie hinein. Mit einem Juchzer nehmen sie an ihrer Seite Platz – sie haben ihn wohl länger nicht mehr unterdrücken können.

Dann folgt das Brautpaar. Dann die andern, die sich nach freier Wahl zusammengefunden.

Im Gedränge bekomme ich Martha an ihrem gelben Organdykleid zu fassen. „Du, hat Hanna einen Platzmeister?"

„Nein", sagt sie gegen ihre sonstige muntere Art ganz gedrückt, „aber in Nemmersdorf kommt ja noch der nette junge Lehrer hinzu!"

„Rrr!" Otto D. in seiner schmucken Husarenuniform reicht ihr die Hand.

Hanna kommt in denselben Wagen zu sitzen. „Tante Stutzki, bitte, den Kuchenkorb!"

„Ja, mein goldnes Hannche! Wenn du mich nich erinnert – Pracherhochzeit hätt's geheißen. Aber einer weiß ja gar nich, wo einem der Kopf steht …!"

– Für ein Stündchen ist's nun im Hause still geworden. Die zurückgebliebenen Gäste, darunter auch Mutterchen, sitzen im Garten an langen, weiß gedeckten Tischen und plaudern miteinander. Niemandem wird's auffallen, wenn ich ein Weilchen weglaufe! Nach unserm Ellerngraben ist's zu weit, aber nach Martens Torfwiese …

Es kann auf der ganzen Welt nirgends so einsam sein wie auf Martens Torfwiese. In den viereckigen schwarzen Teichen scheint das Wasser tagaus, tagein zu schlafen. Der Wind bückt sich wohl einmal über ihren Rand und fragt, ob es nicht mit ihm spielen wolle, aber wenn er in die dunkle Tiefe blickt, fährt er erschreckt zurück – und husch ist er bei den grünen Binsenkindern, die unweit um ein großes Waschbecken stehen und sich die Füße spülen. „Kinder", sagt er, während er ihnen die langen Haare kämmt, „dass ihr mir dort nicht badet, es ist da sehr tief!"

Auch die schwarzen Torfpyramiden warnen. Sie sehen aus wie dunkle Gespenster. In der Dämmerstunde wollte ich hier nicht sitzen.

Aber jetzt! Jetzt im Sonnenschein …! Ich habe mein weißes Kleidchen hochgenommen und sitze auf einem kleinen Hügel, der halb von Gestrüpp umstanden ist. Dort seitwärts das weite, weiße Meer von Watteflöckchen! „Wollgras", sagt Vater dazu. Wie viel Vogelmütter mögen sich hier Unterbettchen und Pfühl für ihre Wiege holen! Ich will doch mal Hanna fragen …

Ach Gott, da ist's ja wieder, das Dumme, Drückende da innen! Wozu lief ich denn hierher zwischen Binsen und Wollgras, wenn's mich doch wiederfindet? Just d a sitzt's, wo mir das Herz schlägt.

Vom Nemmersdorfer Turm kommen Glockentöne – einzeln – verloren. Jetzt geht der Hochzeitszug in die Kirche …!

Ich falte inbrünstig meine Hände. „Lieber, lieber Vater im Himmel, mach doch, dass man in der Welt anders sein darf wie die andern!"

„Freut euch des Lebens, weil noch das Lämpchen glüht! Pflücket die Rose, eh sie verblüht!"

Die Eltern der Braut und alle Hochzeitsgäste sind aus dem Garten geeilt und stehen zum „Willkommen" vor der Tür, Mutterchen und ich dicht nebeneinander; ich habe meine Hand durch ihren Arm geschoben.

Immer zwei Wagen auf einmal rollen in den Hof. Die Geigen jubeln. „Bum, bum", sagt der Bass. Fast noch in voller Fahrt springt der Platzmeister herunter; in der Sekunde, da der Wagen hält, fliegt die Brautjungfer an seiner sichern Hand leicht auf den Boden. Weiter! – Weiter! – Weiter! – Die Stunde ruft. „Freut euch des Lebens, weil noch das Lämpchen glüht!"

Die ersten Paare tanzen bereits in der Stube. „Juch – juch!", klingt's durchs offene Fenster. Würdevoll schreitet das Brautpaar durch die Reihen der Glückwünschenden zu seinem Ehrenplatz. Die letzten Wagen rollen heran.

Vater und Martha sind in dem Gedränge an uns vorübergeschoben worden, ohne uns zu sehen. Jetzt steht Hanna vor uns. Sie umfasst Mutter und mich zu gleicher Zeit – ein seliger Ausdruck liegt auf ihrem Gesicht. „Wollen wir in den Garten gehen?"

„Ja, Kind!"

Wie auf Vereinbarung bleiben wir an dem Stockrosenbeet stehen.

„Mutterchen, es war s o schön!"

Mutter sieht Hanna ungewiss an, sie will sie wohl nicht durch eine Frage kränken.

„Wenn's dir schön war, ist's ja gut, mein Kind!"

„Nein, w i r k l i c h Mutterchen, w i r k l i c h! Glaub mir, du hätt'st es a u c h nicht anders gemacht. – Sieh mal, Brauns Annchen hatte doch noch keinen … und die ist doch immer gleich so unglücklich, weil sie denkt, es ist wegen ihrer Schulter …!"

„Nun und da, Hanna?"

„Da hab ich zu Herrn Schmidt gesagt, d a s müsst er mir als einer Kollegentochter wohl zuliebe tun …! Und er sollt's mir schon nicht übelnehmen! Ich hätt ja sowieso Tante Stutzki versprochen, ihr tüchtig zu helfen. – Glaub mir, Mutterchen, du hätt'st es auch so gemacht!"

Mutter laufen helle Tränen über das Gesicht. „Ich weiß nicht, Kind – wie ich jung war …! Aber du bist ja auch anders als andere!"

Es ist ein Stolz und eine Zärtlichkeit in Mutters Stimme, dass wir sie beide ganz verwundert ansehen. Dann kommt uns eine große unnennbare Freude. –

> „Man schafft so gern sich Sorg und Müh,
> Sucht Dornen auf und findet sie
> Und lässt das Veilchen unbemerkt,
> Das uns am Wege blüht.
> Freut euch des Lebens …"

Die Geigen können und können sich nicht genug tun …

Das war an Martens Stockrosenbeet, dass unsere Hanna die Erlaubnis bekam, so zu sein, wie Gott sie erdacht hatte!

Als wir spät in der Nacht nach Hause gingen, unterhielten sich die Sterne über uns. „Warum hat die mit dem Maßliebchenkranz so wenig getanzt?", fragte das eine Sternlein.

„Lasst sie", sagte das andere, „was soll ihr der laute Lärm der Welt! Viel Liebe hat sie auszuteilen auf Erden – und ihre Zeit ist gar kurz."

So sprachen die Sterne. –

Wir sahen ihr Funkeln – und verstanden es nicht.

„Gute Nacht, Mutterchen!"

„Gute Nacht, Hanna – mein liebes, liebes Kind!" –

Die Weihnachtswünsche

Wenn die Adventszeit mit ihren unergründlichen Geheimnisaugen durch unser Dorf ging, gab es für uns Kinder einen wundervollen Tag in der Schule. Gleich morgens in der Religionsstunde fühlten wir, dass uns etwas Besonderes, Schönes bevorstand – Vater sah uns so eigentümlich an. Sollten vielleicht …?

„Der Wievielte ist heute?", fragten wir uns flüsternd.

„Der zweite Dezember!"

„Im vorigen Jahr kamen sie erst am vierten. Wir wollen uns schon nicht zu früh freuen!"

„Nein!"

Und in demselben Augenblick, da wir uns äußerlich ein möglichst gleichgültiges Aussehen zu geben bemühten, machte unser Herz einen Sprung – und wir standen mitten in lauter, lauter Weihnachtsfreude.

In zwei Sekunden hatte es sich der ganzen Klasse mitgeteilt, es saß niemand mehr so recht fest auf seinem Platz – es war etwas Unerklärbares da, das hob – hob – hob.

Wenn die Stunde zu Ende war, fragten einige dreißig Augenpaare mit Inbrunst: „Herr Lehrer – sind sie da?" Und Vaters Augen strahlten, und er sagte: „Heut hab ich für euch eine Überraschung. Die Weihnachtswünsche sind angekommen!"[34]

---

34 *Weihnachtsgedichte, die den Schulkindern für wenige Pfennige zu wohltätigen Zwecken verkauft wurden und die sie dann am Heiligen Abend den Eltern vortrugen*

Und nun hielt uns keine Macht mehr in der Schulbank.

Vater hatte an seinem Pult Platz genommen. „Die Kleinen nach vorne", befahl er im Weihnachtston. Oh – sie standen ja schon alle da! Dicht gedrängt. Wir „Großen" hinter ihnen.

„Herr Lehrer, ich hab aber kein Geld mit!" – „Ich auch nicht!" – „Ich auch nicht!", kam es aus allen Ecken.

„Schadet nichts, das bringt ihr morgen oder übermorgen! Wer denkt jetzt an Geld!"

Ich entsinne mich, dass Vater dann im entscheidenden Augenblick niemals ein Messer bei sich hatte. „Jungens, könnt ihr mir vielleicht …?"

Ja sie konnten. Die Hornschaligen und Bleischaligen flogen nur so aus ihren Taschen.

„Wer war im vorigen Jahr dran?"

„Rienzens Karl", rufen zehn Stimmen auf einmal.

„Na, Ottchen, denn komm du mal her und schneid den Bindfaden auf. Dass sie einem den immer so verknoten …!"

Und Ottchen, der so verwachsen war, dass sein großer Kopf mit den klugen Augen wie aus einem Berg heraussteckte, schnitt mit zitternder Hand und einem Gesicht wie die Sonne den Bindfaden auf.

Das Auspacken aus dem groben, gelben Strohpapier verstanden dann wieder die M ä d c h e n am besten. Es gehörten dazu immer zwei, sodass im Laufe seiner Schulzeit wohl jedes einmal an die Reihe kam. Ich bin im Jahre 1873 mit Martens Lieschen zusammen „dran" gewesen.

Und nun lagen sie da, die gelben, roten, blauen, grünen Blätter! „Hallllt! Erst mal besehen!" Vater hatte bereits Quednaus Gottliebchen und Bergs Malchen, die das Wunder zum ersten Mal erlebten, auf seinen Knien, andere von den Kleinen standen in seiltänzerischer Stellung neben ihm auf dem Fuß des Pultes, zwei waren auf seinen Stuhl geklettert und guckten ihm über die Schulter. Wir Großen auf den Fußspitzen mit gereckten Hälsen rings um das Pult.

Und wer nun gute Augen hatte, konnte es sehen! Und wer schlechte hatte, sah es auch, denn er w u s s t e ja, was da stand. Ein Blinder hätte es wahrgenommen: Ganz oben auf der ersten Seite – d e r S t a l l v o n B e t h l e h e m !

Ein Jauchzen springt von einem Kind zum andern. Vater summt leise ein paar Töne vor sich hin. Und im nächsten Augenblick ein Jubelchor, der bis in den Himmel schallt:

„Ihr Kindelein kommet, o kommet doch all!
Zur Krippe her kommet in Bethlehems Stall
Und seht, was in dieser hochheiligen Nacht
Der Vater im Himmel für Freude uns macht.

So nimm uns're Herzen zum Opfer denn hin!
Wir geben sie gerne mit fröhlichem Sinn.
Und mache sie heilig und selig wie deins,
Und mach sie auf ewig mit deinem nur eins!“

Gottlieb ist plötzlich von Vaters Knie gesprungen und ihm auf den Fuß zu stehn gekommen. „Ein Weihnachtsbaum, Herr Lehrer, ein Weihnachtsbaum! Moale kick moal, da steiht e Wihnachtsbohm!“

Ja, Vater hat die Hand, die er während des Singens über das Blättchen gedeckt, heruntergenommen – und da steht wahrhaftig unter dem Titel: „Christliche Wünsche zum frohen Weihnachts- und Neujahrsfest, den lieben Eltern dargebracht von ihrem gehorsamen Kinde!“ ein zweifingerbreit großer Christbaum. Nein, nein, ein h i m m e l h o h e r Christbaum! Man muss den Kopf weit zurückbiegen, wenn man in seinen Gipfel schauen will; er reicht bis in die Sterne. Tausend Kerzen flammen auf seinen Zweigen, eine bunte Herrlichkeit neigt sich zu uns herab – in zweiundzwanzig Tagen wird sie uns in den Schoß fallen.

Und nun liest uns Vater den „Weihnachtswunsch für jüngere Kinder“ vor. Ein holdes, süßes Gedicht mit groß aufgeschlagenen frommen Kinderaugen betet aus dem grünen Blättchen heraus um Christkindleins Segen – ein reines Herz!

„Herr Lehrer, das lern ich mir bis morgen“, ruft eins von den Kleinen mit vor Jubel überkippendem Stimmchen.

L e r n e n? Ich habe die Vorstellung: Nur tief atmen, g a n z t i e f a t m e n, dann fliegt's einem von selbst in die Seele hinein!

Vater schickt einen raschen Blick über unsere Schar. „Friedel, hol mal für Ottchen einen Stuhl aus der Putzstube!" Ottchen ist müde geworden und er soll nicht von ferne aus der Bank zusehen müssen.

Und nun kommen endlich wir Großen an die Reihe. Unter Glockengeläut und Flügelbrausen beginnt „Der Weihnachtswunsch für ältere Kinder". Die Wände unserer Schulstube weichen zurück: Durch eine stille, sternklare Nacht schreitet vor uns ein Kind mit heiligen Augen; dem müssen wir folgen – weiter – immer weiter –, bis wir in das Land kommen, in dem alle Tage Sonntag ist.

Und wieder hab ich die Vorstellung: Nur tief atmen – ganz tief atmen! –

Jetzt richtet Vater sich auf. „Na, Kinder, wer von euch möchte sich nun einen solchen Weihnachtswunsch kaufen?"

„Ich!" – „Ich!" – „Ich!" – „Ich!" – „Ich!" Das „Ich" hat schon beim Wort „Wer" eingesetzt und hüpft, trippelt, tanzt und stampft noch eine halbe Minute durch die Stube. – Ich weiß noch heute nicht, ließ Vater uns zu unserm oder seinem Vergnügen so lange bekräftigen, dass wir wirklich und wahrhaftig Weihnachtswünsche haben wollten. –

Als dieses keinen Zweifel mehr aufkommen lässt, naht der atemlose Moment des Aussuchens. Man hat es sich ja wohl vorher schon zurechtgelegt – aber im Augenblick ...

„Na, Ottchen, welchen willst du?"

„Einen gelben, Herr Lehrer, nein blauen – nein roten!" Und Vater nimmt einen gelben, nein blauen, nein roten zur Hand und reicht ihn strahlend dem strahlenden Ottchen.

„Herr Lehrer, ich hab mich vorher vermisst", sagt Hermanns Wise. „Darf ich noch mal umtauschen?"

„Natürlich! Wenn du dich ‚vermisst' hast!" Und Vater gibt ihr den, den sie sich nun mit klarer Besinnung aussucht.

Bergs Male – auch Malak genannt – kann und kann nicht mit sich ins Reine kommen. Ihr Schürzchen ist schon wie ein Strick zusammengedreht. „Ich weiß nich – ich weiß nich, Herr Lehrer!"

„Müssen wir eben losen", sagt Vater ernsthaft, nimmt zwei der Bogen und hält sie auf den Rücken. Malak muss die Augen zumachen. „Rechts oder links?"

„Rechts!"

„Na, Mädel, du hast aber Glück gehabt! Nu kriegst du grad den feinen blauen …!"

Wir andern lächeln verständnisvoll und drücken still unsern Schatz ans Herz.

„O du fröhliche, o du selige, gnadenbringende Weihnachtszeit!"

Ich sitze in der Dämmerstunde in meinem Stübchen, den Kopf in die Hand gestützt. Das Bild da vor meiner Seele – ist's Vergangenheit, ist's Z u k u n f t ? Selige Erwartung im Herzen, stehe ich in einer großen, unabsehbaren Schar, und eine unendlich gütige Stimme ruft: „Die Kleinen nach vorne …!"

Lieber Gott, ich bin schon da, ich bin schon da!

Das Nachbarhaus

Unser nächster Nachbar, dessen Bauernhof nur etwa 200 Schritte von uns entfernt lag, war Onkel Fritz, ein älterer Bruder meiner Mutter. Er war Lehrer gewesen, hatte aber wegen Kränklichkeit seinen Beruf aufgegeben und sich das kleine Grundstück hier gekauft. Meine Eltern liebten ihn sehr, während ich mehr Respekt als Zuneigung für ihn empfand. Vater machte uns oft darauf aufmerksam, welch ein merkwürdiger Bauer Onkel wäre, mit seiner gebogenen Nase, den prachtvollen Augen und der Lebensweisheit, die immer so langsam und bedächtig daherkam, dass man stets Angst hatte, sie werde nicht zur Zeit kommen.

Und manchmal kam sie auch wirklich nicht zur Zeit. Dann meinte Onkel später: „Ich wollte schon sagen –" Und jeder, der hörte, was Onkel hatte sagen wollen, empfand ein lebhaftes Bedauern darüber, dass er es nicht wirklich gesagt h a t t e, denn es war entweder eine schneidige Abfertigung oder ein wundervoller Witz oder das kluge Darlegen irgendeiner verwickelten Sache. In jedem Falle etwas Gutes.

Oft aber k a m Onkel auch zur Zeit, und dann ging solch ein Wort von ihm von Mund zu Mund, und Vater, der stets seine herzliche Freude an der Klugheit und Tüchtigkeit anderer hatte, sagte strahlend: „Schwager Fritz meint –"

Dass Onkel Fritz nicht auch eine Tante Fritz hatte, tat uns allen von Herzen leid. Sie war in demselben Jahr gestorben, als ich in unserer kleinen Wiege Platz genommen und unser Albert über das blaue Meer gefahren war. Mutter sagte von ihr: „Sie war so lieblich, wie – nein, von denen, die ihr kennt, ist keine so! Lina wird's vielleicht mal werden!" Das war die jüngste der Basen, die so alt wie Martha war. „Und weißt du, Friedel", fuhr Mutter fort, „guck andermal nicht so dreist auf das Blumenbild über Onkels Bett, das er ihr als Bräutigam gemalt. Er hat das nicht gern ...! Du kommst schon später mal dazu!"

Dies „Später" war nun ein Begriff, den man nach h i e r und auch nach d a ziehen konnte. Wann war „später"? Für mich war es nach acht Tagen, als Onkel nach Gumbinnen gefahren und ich Marie und Lina eine Bestellung zu machen hatte. Ich trat in die Stube, sie war leer. Aus der Mangelkammer kam ein quietschendes, knarrendes Geräusch; die beiden Mädchen mangelten (rollten) Wäsche.

„Wer ist da?"

„Ich!"

„Du, Friedel? Na, komm hierher."

„Ach – ich möcht mir mal erst ordentlich euer Blumenbild besehen!" Ich stand schon auf dem Bettrande und streckte die Hand aus.

„Aber nicht zerschlagen!"

Ich gab keine Antwort mehr. Mit beiden Händen hielt ich das Heiligtum gefasst. Aber so etwas konnte man natürlich nicht mitten in einer großen Stube besehen. Dazu gehörte der kleinste, kleinste Raum – so klein, dass eben nur ich und das Bild und die Andacht hineingingen.

Mit drei oder vier Sätzen flog ich die Bodentreppe hinauf. Dort am Fenster! Ringsum Kisten, Pferdegeschirr, alte Kleider, der Rest der noch nicht trockenen Wäsche. Ein nasses Laken klatschte mir um die Ohren, ich achtete es nicht – ich saß bereits in einer leeren Heukiste, das Bild auf meinen hochgezogenen Knien. –

Einen Augenblick sitze ich mit geschlossenen Augen da. Dann öffne ich sie langsam – feierlich. O Gott! Ein

Kranz von Rosen und Vergissmeinnicht, so zart, so zart! – Und darin mit perlkleiner Schrift ein Gedicht! – Ich lehne den Kopf zurück. Was ist das für eine Sprache? Man versteht sie und versteht sie auch nicht. Sie ist schöner als die Nemmersdorfer Kirchenglocken, sie muss aus einem Lande kommen, in dem die Menschen fliegen können! – Oder bin ich in einen blauen See hinabgesunken, und die Wellen spülen über mich dahin – leise – leise? –

Es war das erste Liebesgedicht, das ich in meinem Leben las. Es trug die Unterschrift: Goethe. So lang ich lebe, werde ich's nicht vergessen. –

Als ich am andern Tage Onkel Fritz begegnete, ging ich auf den Fußspitzen, dass es nicht so „trapsen" sollte. Und auf das Grab der Tante trug ich heimlich einen Strauß von wilden Rosen.

In demselben Jahr noch verkaufte Onkel sein Grundstück an den Nemmersdorfer Herrn Baron und kaufte sich ein größeres im Nachbardorf Kollatischken. Herr von L. besetzte das leer gewordene Haus mit vier Tagelöhnerfamilien.

„Ein schlechter Tausch", sagten meine Eltern und Schwestern niedergeschlagen. Und ich sagte es nach. Aber ob er das wirklich für mich war, möchte ich heute bezweifeln. Jedenfalls kamen nun K i n d e r in unsere nächste Nachbarschaft, und das war für mich in jener Zeit vielleicht das Notwendigste, was ich brauchte. –

Wenn ich noch so an Milkats Fanne denke! Milkats Fanne hieß eigentlich Franz. Er war ein Mann, der im dritten Lebensjahre stand, aber von jedermann für einen Vierjährigen gehalten wurde und genau wusste, was er wollte. Er wusste es so gut, dass sein Gebrüll oft durch das halbe Dorf klang, was sich wirklich sehr machtvoll anhörte. Mein höchstes Entzücken aber war es, wenn er mitten im fürchterlichsten Schreien auf einmal abbrach und mit gänzlich nüchterner Alltagsstimme irgendeine sachliche Frage tat. Etwa: „Ole, wat gewt hüt to Meddag?"

Seine Großmutter, die „Ole", mit ihrem kleinen, verwelkten Gesichtchen, stürzte dann sofort beflissen herbei.

„Siße Grutschche (Brei), mein Sohnche!" Sie wollte es gern durchdrücken, mit ihrem kleinen Liebling hochdeutsch zu sprechen, scheiterte aber immer wieder an der Verständnislosigkeit ihrer Umgebung und des Lieblings selbst. „Dat wöll eck nich", sagte Fanne fest. Und es war zehn gegen eins zu wetten, dass die Ole nicht „siße Grutschche" kochte.

Fanne wurde überhaupt gut ernährt. Seine Mutter hatte sich noch immer nicht entschließen können, ihm die allererste natürlichste Säuglingsnahrung zu entziehen. – Fanne wünschte es nicht. Eines Tages hatte Mutterchen mit der Milkatsche eine geheime Unterredung, von der diese mit umflorten Augen und einer Kanne frischer Milch von dannen ging. Als ich eine Stunde später auf den Nachbarhof kam, um Hermanns Wise (Luise) zu besuchen, kam Fanne mir mit den denkwürdigen Worten entgegen: „Du – dat ward morge e gode Spektakel bi ons ware."

„Na, wieso denn, Fanne?"

„Se wölle mi afgewänne!"

Herrlich war auch das Bild, wenn Fanne Mittagsschlaf hielt. Seine Mutter und die Ole wetteiferten miteinander, ihn immer hübsch warm zu halten, damit er sich um Gottes willen nicht erkälte. Und da er nicht zu bewegen war, mit der Milchtasse auch eine andere Lagerstatt zu übernehmen, lag er dann in seiner ganzen Pracht nach wie vor in der Wiege, die er bis in das äußerste Winkelchen ausfüllte – völlig angekleidet, einen wollenen gestrickten Schal um den Hals, die Mütze mit Ohrenklappen auf dem Kopf. Nur an heißen Sommertagen fielen die beiden letzten Kleidungsstücke fort.

„Na los! Wege!", (wiegen) kommandierte er mit sanfter Festigkeit.

Die Ole nahm sofort auf dem Holzstuhl neben der Wiege Platz, ergriff den Zipfel des Bandes, mit dem das Deckbett festgeschnürt war, und setzte die Wiege mit Hand und Fuß in sausende Bewegung.

„Ok singe!", herrschte Fanne. „Schusche, parusche, wat ruschelt em Stroh", sang die Alte, wie aus einem hohlen Topf heraus. Aber sie hatte es nicht richtig getroffen.

„Dem nich!", schrie Fanne sie an.

Und nun war es schlimm für das alte Weibchen, dass es so v i e l e Lieder singen konnte; erst das letzte war immer das richtige und brachte den Artsohn endlich zur Ruhe. Dafür begrüßte er es beim Aufwachen aber auch stets mit irgendeinem stimmungsvollen Wort. Etwa: „Na Ole – wat kickst?"

Einmal – der kleine Bursche war nun wohl schon fünf Jahre alt – geschah es, dass seine Mutter mit ihm die Geduld verlor, ich weiß nicht mehr, aus welchem Grunde. Ihre Gebärden verstellten sich, sie borgte sich von Meister Tuleweits, der nebenan wohnte, einen Stock und schrie mit weithin ins Dorf gellender Stimme, dass sie Fanne, der dicht vor ihr auf den Treppensteinen saß, „niederträchtig betonnen" (durchprügeln) wollte.

„Wacht (wart), du Gnos, wacht du man! Eck war di schon lehre!"

„Donnerwetter!", sagte Fanne voll ehrlicher Anerkennung – und blieb sitzen.

Da brach der Milkatsche der Mut.

„On du leppst (läufst) ok nich emoal?", schluchzte sie. – „Ole, Ole – he l e p p t ok nich emoal weg!"

Im ganzen Dorf hieß es: „Die Weiber erziehen sich einen Galgenstrick!" Aber es muss nicht in Fanne gelegen haben, er ist keiner geworden.

In dem Stübchen Milkats gegenüber – es war bei Onkel Fritz die Speisekammer gewesen – wohnte die Hermannsche mit ihrer jüngsten Tochter Wise. Sie arbeitete im Sommer bei den Bauern auf Tagelohn, im Winter spann sie zu Hause „auf Verdienst".

Auch wurde sie öfter zu Kranken gerufen, um sie „auszustreichen", worüber die Ärzte in Gumbinnen immer wütend waren und welche Tätigkeit jetzt unter dem Namen Massage so heilsam ist. Auch gegen Magenschmerzen „konnte" die Hermannsche. Sie kochte aus allerlei Kräutern einen gallenbittern Tee; wer den trank, brach „den Kolik"[35] aus und war wieder gesund. Während jener

---

Zeit ist selten ein Arzt in unser Dorf gekommen. Kam aber doch mal einer den Steinerberg heruntergefahren, so hieß: „Der oder die wird bald sterben, sie holten all den Doktor!" Und da dann meistens nichts mehr bei dem Patienten zu machen war, starb der oder die binnen Kurzem auch wirklich.

Die Hermannsche hatte schon, solange ich mich erinnern konnte, in Kiaulkehmen gewohnt und mir immer ziemlich eingehende Nachrichten über den Teufel und die Hölle vermittelt. Dass sie nun so „nahebei" gezogen, war herrlich. Meine andern Freunde wohnten alle weiter im Dorf, ich musste immer erst um Erlaubnis bitten, wenn ich zu ihnen hinüberhuschen wollte. Aber hierher – nein, das war nicht nötig! Ein einziger Zuruf aus unserem Küchenfenster konnte mich ja erreichen.

Wise, die Tochter der Hermannsche, stand in meinem Alter, hatte Flachshaar und die treuherzigsten wasserblauen Augen, die man sich denken konnte. Sie bezog seit Langem meine abgelegten Bücher und Kleider und hatte eine Art Bewunderung für mich, die mir nicht wenig schmeichelte. Ich konnte behaupten und erzählen, was ich wollte – Wise glaubte alles.

Aber auch ihre Mutter war sehr gut zu mir und übte gegen mich die weitgehendste Gastfreundschaft. Wenn ich nur die Tür zu ihrem Stübchen aufmachte, rief sie sofort: „Wise, stell dem Desch enne Bäd." Und kaum hatte Wise den Tisch aufs Bett gestellt, sodass die Mutter Platz bekam, bequem von ihrem Wocken aufzustehen, so langte sie vom Schaff ein kleines Holzbänkchen, das dort ein für alle Mal auf Besuch zu warten schien, stellte es freundlich vor mich hin und sagte einladend: „Na, huck di henn on vertell wat!"

Ich verwahre mich hier ausdrücklich gegen die naheliegende Annahme, ich verkleinerte die Kleinheit des Raumes. Wirklich nicht! Wer Mariechens einstige Speisekammer gekannt, wird mir bestätigen, dass nach Abzug des Platzes für Ofen, Bett, Schrank, Spinnrad, Tisch und zwei Stühle auch nicht mehr der g e r i n g s t e freie Raum bleiben konnte. Um ihn sich zu schaffen, wurde zu den Mahlzeiten der Wocken aufs Bett gestellt, wenn Besuch kam, der Tisch. Dann allerdings saß man auch sehr bequem, konnte sogar die Füße ausstrecken.

Dass wir miteinander plattdeutsch sprachen, war selbstverständlich. Ebenso, dass wir uns nicht erst an Tagesneuigkeiten oder dergleichen aufhielten. „Vertell wat", das bedeutete aufs Bündigste: „Nun kram mal irgendwas Feines, Schönes aus!" Denn die Hermannsche und ihre Wise brannten darauf, wenigstens durch eine Türspalte in die bunte Welt zu sehen.

Ja, wenn ich nur selbst etwas davon gewusst und verstanden hätte! Die Welt – war es das Blaue dort am Horizont, ganz, ganz weit hinterm Nemmersdorfer Walde – immer weiter?

Aber das Zutrauen der beiden hob mich derart, dass ich doch aufs Geratewohl mit meiner ungeschickten Kinderhand einen Griff hineintat. Wir hatten zu Hause zum Beispiel gerade Wilhelm Tell gelesen. Ob es die Hermannsche und ihre Wise nicht rühren würde, wenn ich ihnen erzählte, wie der grausame Geßler den armen Vater zwang, „aufs Haupt des Kindes anzulegen?"

Es rührte sie. Es rührte sie so, dass Wise nachher ihre Schürze zum Trocknen aufhängen musste.

Und allmählich kam ich hinein, ins Erzählen, ins Ausmalen. Manchmal dachte ich mir auch eine Geschichte selbst aus.

Beim völligen Versagen meines Geistes setzte dann der von der Hermannsche ein. Er liebte Kirchhofssteige, die Mitternachtsstunde – alles, wobei man gern im Rücken eine „feste Anstellung" hat.

Doch da Wise dies alles schon kannte, kam bald immer wieder die Reihe an mich. Dann versuchte ich es vor den beiden wohl auch einmal mit Gedichten. Aber solche, in denen nichts passierte, durfte ich der Alten nicht bieten. Wenn ich anfing: „Auf dem Teich, dem regungslosen", machte ihr Wocken sofort einen solchen Skandal, dass ich zu seiner Besänftigung einen Ritter mit Schwert und Schild

auftreten lassen musste: „Knapp, sattle mir mein Dänen-
ross, dass ich mir Ruh erreite. Es wird mir hier zu eng im
Schloss, ich soll und muss ins Weite!"

Mit dem „andern" hielt ich mich aber hin und wieder an
Wise schadlos, wenn wir unter uns waren. Einmal gin-
gen wir zusammen nach Kollatischken. Auf dem ganzen
Wege sagte ich laut ein Gedicht, das ich kurz vorher in der
Gartenlaube gelesen. Wenn ich an den Schluss kam:

> „Du auch bete, bleiche Nonne,
> Dass die heilige Madonne
> Frieden schenke dir und mir –",

blieb ich ganz berauscht stehen. Und dann mit verklärten
Augen gleich noch einmal: „Du auch bete …"

Als wir an den Ganderkehmer Weg kamen, fiel Wise mir
weinend um den Hals und sagte, ich möchte doch so gut
sein und aufhören – sie könnte es jetzt nicht mehr aushalten. –

Aber das waren gottlob doch immerhin Ausnahmen,
gewissermaßen Anfälle. Gewöhnlich unterhielten wir
uns, wenn wir allein waren – und das war im Sommer ja
fast immer der Fall –, auf die allerkindlichste Weise. Ich
war als Jüngste nach dieser Richtung hin bisher immer etwas zu kurz gekommen, und da die Eltern das gewiss
längst bedauert hatten, kam kein warnender Zuruf aus unserm Küchenfenster, wenn wir in unserer freien Zeit wie
die wilde Jagd auf Hof und Dorfanger mit den Tuleweit-
schen Kindern herumtollten. Fanne war meistens zu faul
dazu.

Meister und Frau Meisterin Tuleweit, die im größten
Zimmer des Hauses wohnten und ebenso wie die Milkatsche und Hermannsche im Dorf tagelöhnerten, hatten uns
nämlich gebeten, hin und wieder einmal nach ihren Kleinen zu sehen. Dieser Auftrag erfüllte mich mit höchster
Wonne. Am liebsten spielten wir mit ihnen das alte, schöne
„Vogel, flieg aus, komm wieder in mein Haus!"

Das Vögelchen flog mit ausgebreiteten „Flügeln" um
den Hof, Wise hinterdrein. Konnte sie's greifen, war's ihr

Eigentum; war's flinker als sie, kam's zu mir zurück, und es war ein himmlisches Gefühl, wenn ein Vöglein zu mir zurückkam. Ich hab's stets zärtlich an mein Herz gedrückt.

Tuleweits Karlchen bekam ich fast immer „in mein Haus!" Es wurde wegen seiner Kleinheit und Beweglichkeit „Wockefot" (Spinnrockenfuß) genannt und war mir derart zugetan, dass es sich sogar von mir bis zur Unkenntlichkeit waschen ließ. Meister Tuleweit arbeitete sonntags sehr an der Ausbildung seines Söhnchens und hatte ihm das Lied beigebracht: „Ich bin ein Preuße, kennt ihr meine Farben?" Wockefot stand dann hoch aufgerichtet da, die Hände an der Hosennaht:

„Dass für die Freiheit meine Väter starben
Das deutet, merkt es, meine Fahne an!
Nu werd ich bald verzagen –"

Als er das erste Mal so vortrug, verging ich fast vor Vergnügen, aber auch später konnte mich die Ankündigung, dass es mit seinem Heldenmute nun bald zu Ende sein würde, bis zu Tränen erheitern.

Wockefot hatte es überhaupt innerlich, wie seine Mutter stets mit einem kurzen Zurückwerfen des Kopfes betonte. Das zeigte sich beispielsweise auch bei seinem ersten Besuch in der Schule.

Um die kleinen, scheuen Sechsjährigen gesprächig zu machen, unterhält Vater sich mit ihnen über alle möglichen Gegenstände, spricht mit ihnen über die Werkstatt des Tischlers, des Drechslers, und wie ein Stuhl, ein Tisch, ein Webstuhl entstehen.

Da fährt auf einmal Wockefot dazwischen: „Odder, nu si moal stell – nu war eck di moal wat froage. Segg mi moal, wer moakt de Hoarnoatels (Haarnadeln)?"

Wise liebte mehr die resolute Tille, Wockefots Schwester, die ein Jahr jünger war als er. Die Frau Meisterin hatte sich für ihre Sprösslinge einen Herrscherstab zugelegt, den sie mit Weisheit handhabte. Das weiß geschabte Ende des Stöckchens war für Karlchen, das naturfarbene für Tillchen. Einmal hielt sie es für nötig, Tille ein wenig in ihre

Grenzen zu verweisen, vergriff sich aber. Da schrie diese aus Leibeskräften: „Se schleiht mi met'm falsche End – se schleiht mi met'm falsche End!"

Mitten in diese frohe, sonnige Zeit fiel ein großes, trauriges Ereignis. Der älteste Sohn der Hermannsche, ihr „Berliner", wie sie ihn immer mit Stolz genannt, kam eines Tages todkrank nach Hause. Und nun geschah etwas Wunderbares. Die Wände des winzigen Stübchens weiteten sich über Nacht – und es w a r n o c h R a u m d a !

Raum, dass die Mutter ihn nach tagelanger, unsäglicher Mühe endlich rein und gesäubert auf ihr sauberes Bett legen konnte. Raum für Blumen, die die einfache Frau mit dem großen, groben Gesicht ihm täglich ans Lager stellte, für das Bündelchen Sonnenstrahlen, das sie ihn durch die beiden geöffneten Stubentüren im gegenüberliegenden Zimmer der Milkatin sehen ließ, da ihr Fenster „noah de Wintertid" (Norden) ging. Raum für einen schmalen, schwarzen Tannensarg!

Ich höre so oft die Ansicht aussprechen, als ob die einfachen, ungebildeten Leute arm an Gefühl und besonders auch arm an T r e u e für ihr Gefühl wären. Ich habe dies von meinem Lebenswinkelchen nie bemerkt. Bei vielen fand ich eine Fülle von Empfindung, Verständnis und Opferwilligkeit; bei vielen nicht mehr und nicht weniger als in j e d e m a n d e r n Stande auch.

Die Hermannsche hat, solange sie lebte, den Verlust ihres Sohnes nicht verschmerzt. Und als später die Tuleweitin sie wieder einmal nach der Hölle fragte, da hat sie still vor sich hingesehen und dann mit starker Stimme gesagt, dass da doch irgendwo eine Tür wieder hinausführen müsse. Irgendwo …! Das von dem „Zugemauerten" glaube sie nicht mehr. –

Aber ich kann noch immer und immer nicht unser Nachbarhaus verlassen. Es ist, als ob die Frau Meisterin mich mit zwingendem Blick ansieht: „Und von meiner Beduine nichts?" Als ob die Petereitsche, die Hände in die Seiten gestemmt, aus dem vierten Stübchen des Hauses herausstürzt: „On eck –?"

Tilles und Wockefots Eltern gehörten, wie schon angedeutet, einer höheren Gesellschaftsklasse an. Tuleweit war Tischler, und seine Frau hatte nicht in ihrer Jugendzeit auf dem L a n d e , sondern in der S t a d t gedient.

Sie waren so blutarm, wie ein Mensch das nur irgend zuwege bringen kann. Das kleine, dünne Männlein war winterüber fast immer bettlägerig, sodass von einem Handwerk bei ihm gar nicht mehr die Rede sein konnte. Im Sommer verdiente er mit Hüten und Handlangern außer seinem persönlichen Unterhalt im günstigsten Fall seine Medizinen. Die Frau ging vom frühen Morgen bis in die sinkende Nacht auf Tagelohn, um die Familie zu ernähren.

Aber wenn sie am Sonntag zur Kirche schritten, trug er einen schwarzen Tuchanzug und einen Zylinderhut und sie eine „Beduine", die sie von ihrer Brotherrin aus Insterburg als „Stipendium" geerbt – und dann waren es eben M e i s t e r Tuleweits, die dort so langsam und sittig dahinwandelten, und es wäre ihren Stubennachbarinnen auf tausend Meilen nicht eingefallen, sich zu ihnen zu gesellen! Wäre ihnen auch schlecht bekommen! Am Nachmittag arbeiteten die Meistersleute dann wohl eine Stunde mit größter Feierlichkeit daran, die Glanzstücke wieder zu säubern, in Ordnung zu bringen und wegzupacken.

Die Tuleweitin war der bravste und zuverlässigste Mensch, den es geben konnte. Da meine Eltern keinen Dienstboten hielten, arbeitete sie sehr oft bei uns auf dem Felde, aber wir haben niemals von ihr ein unpassendes Wort gehört oder die geringste Unehrenhaftigkeit bemerkt. Vater meinte, es liege so in ihr, aber Mutter war der Ansicht, dass das Standesbewusstsein ihr dabei auch helfe.

Wenn sie von ihrem Manne sprach, sagte sie stets „der Meister", und einmal bot sie der Hermannsche, die mit ihr zusammen Kartoffeln behäufelte, an, sie wolle vom „Rücken" schon immer eine Reihe mehr mit der Hacke nehmen, wenn sie sich entschließen könne, sie mit ihrem Titel anzureden; sie selbst mache sich zwar nicht viel daraus, der

Mensch bleibe ja, was er sei – aber sie sei es ihrem Manne schuldig. Die Hermannsche machte sich erst über sie lustig, als sie aber hörte, dass Vater auch „Frau Meisterin" sagte, gab sie nach.

Am Tage vor Weihnachten, Ostern und Pfingsten durften sich die Frauen aus dem Nachbarhaus von uns Holz und Milch zum Fladenbacken holen. Die Tuleweitin erschien dazu immer in grauer Frühe, wenn niemand sie sah – Mutterchen kannte das schon.

Einmal äußerte sie zu Mutter bitterlich weinend, wenn's nicht um der Kinder willen wäre, möchte sie manchmal schon wünschen, eine einfache Arbeiterfrau zu sein! Die hätte nur halb so viel zu tun. Was müsse sie scheuern und waschen und putzen!

Und Mutter ging hin und färbte die alten Kleider, die sie ihr hatte schenken wollen, erst anilinrot, damit nicht jeder gleich sähe …!

Die Familie ist auch in der bittersten Not eine M e i s t e r - familie geblieben, und Wockefot und Tille haben es zu etwas Tüchtigem gebracht. –

Im vierten und letzten Stübchen unseres Nachbarhauses wohnte die Petereitsche. Es war ratsam, ihr nur mit äußerster Vorsicht zu begegnen; denn sie hatte die Gewohnheit und das Organ, jeden zu „überschreien". Sagte dann der andere nur ein Wörtchen dagegen, so fing sie gleich an, ihn „aufzubieten", und schickte ihn „sine Strömp besteppe" (seine Stümpfe stopfen), was so viel heißt als: er solle sich um seine eigenen Sachen kümmern

Aber die Petereitsche hatte auch eine andere Seite: Sie war nebenbei auch sozusagen Gemütsmensch!

Gleich der Hermannsche und Mikatsche war sie Witwe, hoffte aber noch von Jahr zu Jahr auf einen neuen Petereit für ihr Leben. Ein paar Stunden nach dem Tode ihres Mannes war sie zur Mutter gekommen, um sich von ihr das übliche alte Leinen zu holen, und als Mutter sie teilnehmend nach allem gefragt, hatte sie mit bewegter Stimme gesagt: „Ach, Fru Lehrer … wenn eck bloß wusst, wem eck nu frie (freien) sull!"

Am andern Tage hatte sie auf dem Hof so herumgejammert, dass die Leute im Dorf sagten: „De Petereitsche truert hüt all von morgens an!"

Der selige Petereit hatte übrigens Schönheitssinn gehabt. Es war des Öfteren geschehen, dass er seine Frau durchprügelte. Einmal hatte sie davon ein ganz verschwollenes, blaues Auge gehabt. Da hatte er sie aber tüchtig heruntergemacht, warum sie nicht s t i l l g e h a l t e n! Ob sie meine, dass es ihm Spaß mache, nachher tagelang so was Gräuliches anzusehen?

Natürlich fehlte die Petereitsche bei keiner Ausrichtung im Dorf als Zuschauerin. Namentlich bei Begräbnissen war sie stets zugegen. Mein Vater, der in solchen Fällen fast immer die Leichenrede zu halten hatte, fragte sie einmal: „Sagen Sie mir bloß, Petereitsche, wer weinte denn letztens auf dem Begräbnis bei Dawideits so überlaut?"

„Dat wer eck, Herr Lehrer", sagte sie mit ungeheurem Selbstgefühl, „eck schrech enne Staw am dollste, ok oppe Kerchhoff!" –

So leistet jeder auf der Erde, was er kann!

Die Schulvisitation

Ein Fest, das man fast mit Weihnachten, Ostern und Pfingsten in eine Reihe stellen konnte, war für uns die Schulvisitation. Wenn es so langsam dahergeschritten kam, immer näher – immer näher …! Schon aus der Ferne sah man Bernsteinkettchen blitzen, blanke Schuhe und blaue Zopfschleifen auftauchen. Wundervoll!

Aber es war noch etwas anderes, Geheimnisvolles dabei. In das Wort „Visitation" ging nämlich viel mehr hinein als bloß Freude. Ein bisschen was vom Beten. Und dann die beiden großen Möglichkeiten, welche aus so ernsten, wichtigen Gesichtern schauten – die rosenrote „Es kann gut ausfallen" und die pechschwarze „Es könnte doch aber auch einmal nicht gut ausfallen" – mit ihren vielen Kindern, den kleinen Möglichkeiten: alle rosenrot oder pechschwarz! Und wo in dem geräumigen Wort noch irgend ein Winkel frei war, da zog das Herzklopfen hinein. –

Also wirklich morgen, morgen soll es sein! Fast möchte man's noch ein bisschen hinauswünschen. Aber nein – doch nicht! Gottlob, dass es endlich so weit ist!

Unser Atmen ist ein wenig tiefer geworden, beinahe wie ein Seufzen. Wenigstens bei Martens Lieschen und mir. Wir gehören nun schon zu den Ersten in der Klasse – auf uns liegt's!

„Hast du schon deine Hefte parat, Lieschen?"

„All von vorgestern!"

„Ich all von Sonntag!"

Bei diesen Heften wenden wir nämlich einen kleinen Kniff an. Man muss sie dem alten Herrn Konsistorialrat a u f g e s c h l a g e n hinhalten und sucht dazu natürlich die bestgeschriebenen Seiten heraus. Stundenlang hab ich hin und her geblättert – ach, und nun bin ich doch schon wieder im Zweifel – ich will doch noch mal genau nachsehen …

Am Abend habe ich noch mit einer Bestellung zu Martens hinüberzulaufen. Richtig, da sitzen sie um den Dorfteich herum, die Kleinen aus der vierten Abteilung, und scheuern ihre Tafelrahmen.

„Min Roahme mott so witt ware wie Krid", sagt Bergs Malak eifrig. „Eck schüer em all tom fömfte Moal!"

Und sie taucht ihren Strohwisch in den Sand und fällt aufs Neue über das blendend weiße Holz her. Schweißtropfen perlen auf ihrem lustigen Gesichtchen.

„Na, habt ihr aber auch gute neue Tafelkissen?"

Sie haben n e u e Tafelkissen. Dem Herrn Konsistorialrat werden die Augen übergehen.

„Mensch", überschreit Wockefot die andern auf Hochdeutsch, „Mensch, mein Kissen is oben von Seidenzeug und – und – und auf der Spuckseit von blauem Kartun!"

Hinter den Kindern schimmert die untergehende Sonne. Oder ist's die rosenrote Möglichkeit: Es kann morgen alles gut werden? –

Später auf meinem Lager kommen allerlei Gedanken zu mir zu Gast. Ungebeten. Der eine von ihnen bringt mir ein großes Freuen ins Herz. Er heißt: d e r a l t e K o n s t e r!

Eigentlich dürfte man ihn nicht so nennen, den lieben, alten Herrn. Eigentlich müsste man sagen: der Herr K o n - s i s t o r i a l r a t! Denn so schreibt sich sein Titel. Aber das ist solch ein langes, schweres Wort! Und da man es doch gern o f t in den Mund nehmen möchte, weil man ihn so lieb hat, nennt man ihn allgemein den „alten Konster". Und zwar ist das eine natürliche Abkürzung von „Konsterjahlrat", wie der schwere Titel auch heißt, wenn man ihm seine Ecken und Kanten ein bisschen abgehobelt hat.

Und nun ziehen meine Gedanken bereits ihre Visitationskleider an und laufen ihm entgegen.

Von Gumbinnen her muss er kommen. In Herrn v. L …s feinstem Wagen natürlich. Und dann wird es sein wie immer: Die Jungens reißen die Mützen von den Köpfen, und wir Mädchen knicksen und bedauern nur, dass wir schon an der Erde angelangt sind – wir hätten's sonst gern n o c h tiefer gemacht! Und der alte Konster schaut uns so freundlich an wie die lachende Sonne und grüßt – und grüßt – und grüßt.

„Na, Kinder, ist die Struckmannsche schon da?"

Die Struckmannsche ist eine Art von Kirchendienerin. Ihre freiwillig übernommene Amtstätigkeit besteht darin, dass sie vor der Kirchentür einen langen Tisch aufstellt und darauf ganze Gebirge von safrangelben Kuchen und roten Zuckerherzen auftürmt. Sechs Stück für einen Dittchen. Es sind rätselhafte, ja erheiternde Kuchen- und Zuckerherzen: Man kann einen ganzen Höhenzug von ihnen verzehren, der Magen knurrt doch, dass er von nichts wisse. Und zwar ist er nicht bloß von der Zunge dazu beschwatzt worden, sondern er weiß wirklich von nichts.

Also, ob die Struckmannsche schon da ist? Ja, das können wir beschwören. Wir versichern es in donnerndem Chor, und der alte Herr verschwindet im Pfarrhause. So ist's gewöhnlich, so wird es auch morgen sein! Aber einmal – vor zwei Jahren –, da ist es passiert, dass die Struckmannsche noch nicht dagewesen.

Und zwar aus dem Grunde, weil sie persönlich neben dem alten Konster im Wagen saß. Sie war von ihrem Fuhrmann im Stich gelassen worden und war keuchend „wenigstens mit die zwei Körbchens" (es waren große, runde Weidenkörbe mit Henkeln) längs der Chaussee dahingetrabt. „Halt", hatte da der alte Herr gerufen, der des gleichen Weges gekommen. Und dann hatte es große Mühe gekostet, die „Körbchens" unterzubringen. Der eine stand ja vorn beim Kutscher ganz gut, aber der andere – !

„Struckmannsche, wenn wir da nicht aufpassen, bescheuert der Korb dem Herrn Baron das gute Wagenleder!" „Na, wir k ö n n e n ja aber aufpassen, schönster Herr Konsterjahlrat!"

Das hatten sie denn auch getan und den Korb gemein-schaftlich immer so ein bisschen in der Schwebe gehalten. Und endlich war ja auch Nemmersdorf herangekommen, da konnten sie die steif gewordenen Arme recken und stre-cken, so viel sie wollten. Die Struckmannsche hatte uns die Geschichte nachher ganz umsonst mit in unsere gelben Strohpapierdüten verpackt. „Solch ein hoher Herr, Kinder, und macht sich so gemein! Aber das sag ich ja immer zu meinem Mann: Fritz, sag ich, ich will dich mal was sagen. Wenn du denkst, das Feine bei einem Menschen liegt an seinem Schlips oder seine Manschettenknöpf', denn denkst du falsch. Das Feine liegt in das, dass ein Mensch sich zu benehmen weiß!" –

Trotzdem ich mir einen Zipfel meiner Decke in den Mund gesteckt habe, hat Hanna doch mein Lachen gehört. „Aber warum schläfst du bloß nicht, Friedel?"

„Du, ich kann nicht! Weißt du, ich denk an den alten Konster!"

„Na, das ist wenigstens was Feines!"

Und meine Gedanken wandern weiter. Warum sollten sie eigentlich nicht auch einmal in das Arbeitszimmer des alten Herrn schlüpfen? Vater hat's uns so genau geschil-dert. Und letztens auch noch der Schmiedemeister Krupp aus P., als er von seinen Wanderjahren erzählte. Wie weit seine Augen wurden, als er davon sprach! Und auch seine Stimme klang ganz anders wie sonst. –

„Herein!", hatte der alte Herr ihm zugerufen.

„Hochgeehrter Herr, 'n armer reisender Handwerks-bursch. Die Kält ist hinter mir her! Die Kält hat Zähne, hochgeehrter Herr – "

Er öffnet ein wenig seinen Mantel, ein ganz klein wenig bloß, und der alte Herr fährt entsetzt zurück. Ist das denn möglich, dass man so … so …! Ja, wie bringt man den Ar-men bloß in die Herberge!

Er läuft an den Kleiderschrank. Verschlossen! An den Wäscheschrank. Verschlossen! An das Schlüsselbrett! Es hängen keine Schlüssel daran!

Und fast möchte er lächeln, wenn ihm das Elend des

heruntergekommenen jungen Menschen nicht so sehr ans Herz griffe. Das ist nämlich die N o t w e h r seiner lieben Frau. Woher soll sie's denn immer wieder schaffen, die Gute! Und auch darin muss er ihr recht geben: Man kann nicht alle Wunden heilen. Man k a n n 's eben nicht!

Aber ob nicht im Korridor noch der Gehrock hängt? Nein, der Gehrock ist fort, nur der Talar …! Lieber Gott, den Talar kann man ihm doch nicht anziehen!

Und die Gattin ist bei Forstmeister Kreyserns zum Lesekränzchen.

Der alte Herr steht ganz ratlos da. Es kommt ihm dunkel, dass man Hemd und Rock wohl auch zu kaufen bekommen müsste. (Um so etwas bekümmert er sich sonst nicht.) Aber dazu gehört Geld! Und das ist – nun, das ist natürlich auch verschlossen.

Da geht auf einmal in seinem verwitterten Gesicht die Sonne auf. Es leuchtet, es strahlt, es sieht aus wie das Gesicht eines Kindes. „Einen Augenblick, mein Lieber, einen Augenblick! Ich mach's ganz rasch! Vielleicht zur Unterhaltung ein Buch gefällig?"

Er schlägt mit ein wenig zitternden Händen Lukas fünfzehn auf und verschwindet im Nebenzimmer. Als er wieder eintritt, hat er seinen Talar an, der ihm sehr lose um die Glieder hängt! Sehr lose!

„Hier!", sagt er glückselig. „Hier, mein Lieber! Wenn Sie sich umziehen wollen, hier nebenan, bitte! Und falls Ihnen das Büchlein zusagt … !"

„Du schläfst ja noch immer nicht, Friedel!"

„Ach, lass mich man! Ich denk bloß an den Schmiedemeister Krupp!"

„So? Na denn gute Nacht, Friedel!"

„Gute Nacht, liebe Hanna!"

Und nun ist er da, unser großer Tag, und wirft mit beiden Händen etwas Blankes gegen mein Kammerfenster. Ich blinzele ein bisschen. Als meine Gedanken aufstehen, huscht es ihnen sofort aus allen Stubenecken entgegen, rosenrot und pechschwarz.

Aber so lasst mich doch erst beten!

In einer halben Stunde stehen wir alle gerüstet und geschmückt da. Außer Mutterchen. Sie will zu Hause bleiben und das Haus hüten. Ich drehe mich vor dem Spiegel noch ein bisschen hin und her – sie ist wirklich von reiner Seide, meine blaue Zopfschleife, und der Zopf wird durch sie fast so lang wie mein Kleid. Dann zärtliches Abschiednehmen!

„Und nun kommt mir mit recht frohen Gesichtern heim!"

„Werden wir besorgen, Mutterchen, werden wir bestens besorgen!" Vater ist die Ruhe und Heiterkeit selbst. Ich stelle mich, als ob ich's bin! Auf Hanna und Martha kommt's heut nicht an, die haben ja nichts zu verantworten.

Wir holen Meister Tuleweits ein und grüßen respektvoll den Zylinderhut des Meisters und die Beduine der Frau Meisterin. Dann Großmutter Gillmann, die wieder zu Fuß gehen muss, während ihr Schwiegersohn soeben im neuen, blitzblanken Federwagen an uns vorüberfährt. Das verwachsene Ottchen, unser bester Rechner in der Schule, sitzt neben ihm und winkt mit Händen und Füßen zu seinem Großchen hinüber; aber der Bauer knallt noch ordentlich auf die Pferde ein und ist schon am Steinerberg. Man könnte weinen!

Auf der andern Seite des Weges gehen ein paar Bauersfrauen aus K o l l a t i s c h k e n. Sie tragen gleich Großmutter Gillmann über ihren hochgeschürzten, faltigen schwarzen Kleidern dreieckig gelegte Wiener Longschals, auf dem Kopf ein schneeweißes Schauertuch. Aus ihrem Kirchensträußlein, das sie mit dem Taschentuch zusammen auf dem Gesangbuch halten, dringt der scharfe Duft des Marienblatts zu uns herüber.

Bis zum Steinerberg wenden wir uns noch hin und wieder zurück und schwenken unsere Tücher. Nur für den Fall, dass Mutterchen uns etwa noch vom Bodenfenster aus nachschaut.

Dann schreiten wir schneller aus. Zu beiden Seiten der Landstraße, so weit unser Auge reicht, blühender Klee, reifendes Getreide. Ach, die Gerste, besonders die Gerste! Sie sieht aus wie ein Meer, grüngolden, weich, lockend. Der Wind, der heut noch bis Masuren zu wandern gedenkt, fährt leicht mit dem Flügel über sie hin. Wie das nun fließt und wogt – fließt und wogt! Oh, er wird's schon schaffen mit den blauen Wellen dort!

Auch auf der Wiese, an der wir jetzt vorüberkommen, bewegt sich's leise. Etwas unendlich Feines, Weißes, Luftiges. War's den Blumenkindern noch zu kühl in der Morgenfrühe und behielt Mutter Wiese für sie auf ein Stündchen noch den Schleier zurück, als Frau Sonne ihnen das dicke Nebeldeckbett fortzog?

Wir würden das alles gewiss nicht so sehen, Martha und ich, aber Vaters Hand deutet bald nach dem einen, bald nach dem andern hin, da holt sich unser Auge Bild um Bild herein und hängt es in der Seele auf, damit's hübsch in ihr aussieht.

Hanna hat das Schauen aus sich selbst heraus. Darum geht sie uns immer ein paar Schritte voran, um nicht gestört zu werden.

Es tut unserer Stimmung nichts, dass ich plötzlich halblaut zu wiederholen beginne: „Schlacht bei Dennewitz am sechsten September achtzehnhundert dreizehn. Völkerschlacht bei Leipzig …"

Als wir an dem Lynker schen Park vorüberkommen, sehen wir eine ganze Schar von Kindern aus unserer und der Kollatischker Schule damit beschäftigt, Strümpfe und Schuhe anzuziehen. Sie haben sie bisher, in ein Tüchlein gebunden, am Arm getragen. Es ist nicht auszusagen, wie feierlich das wirkt, dies Rüsten so dicht vor Gottes Tür. Es will ihm niemand mit staubigen Schuhen kommen.

Jetzt wenden wir wie auf Verabredung den Kopf nach links – von hier aus kann man das gelbe, zweistöckige Herrenhaus sehen. Und wer nun Herzklopfen bekommen will – ich hab's bereits –, muss sich sputen! Denn ein paar

Hundert Schritte weiter auf großem, freiem Platz liegt unsere Kirche, in der wir heute …!

Aber man kommt ja gar nicht dazu, es richtig auszudenken. Ein L e b e n ist hier bereits, ein L e b e n! So ähnlich mag's in Berlin aussehen! Fußgänger von allen Wegen und Steigen, ich kenne nicht den vierten von ihnen mit Namen. Und die Fuhrwerke! Sie machen einen Lärm, dass man sich die Ohren zuhalten möchte. Besonders die Klapperwagen mit den Strohgesäßen, über welche bunte Decken gespreitet sind. Die Federwagen mit den kleinen Sofas oben reden leiser. – Hunderte von Kindern, in buntem Durcheinander, mit Semmeln, Zuckerherzen und Pfefferminzstangen in der Hand. Die Struckmannsche hinter ihrem Gebirge – eben sehe ich die Sonne in ihrem Brillenglas blitzen.

Und ich möchte zehn gegen eins wetten: Dort auf der Chaussee von G u m b i n n e n her, wo der Staub aufwirbelt, („aber nein, Martha, da nicht – dort!"), das ist der Lynkersche Wagen.

„Hannachen, halt meine Bücher! Ich muss laufen, ihn aussteigen zu sehen." –

Und es geschah schnell ein Brausen vom Himmel als eines gewaltigen Windes. Und nahm Wort und Melodie an und hieß: „Lobe den Herrn, den mächtigen König der Ehren!"

Meister Ignay an der Orgel und Vater, der unweit von ihm sitzt, winken sich zu: So ist's recht! Denn es sind heute Hunderte von jungen Stimmen im Chor, die zwingen die trägen, schleppenden Noten der alten Mütterchen zu raschem, fröhlichem Schreiten!

„Aber ihr schickt ja heute förmlich Telegramme in den Himmel", flüstert Onkel Fritz mir zu, neben den ich zu sitzen gekommen.

Ich nicke eifrig. Ja – ja. Aber das ist doch alles nur noch ein Vorspiel. Das Eigentliche, Wirkliche kommt doch erst, wenn wir dort um den Altar stehen. D a n n g i l t ' s!

Nach der kurzen Ansprache des Herrn Pfarrers stimmen wir ein in das schöne „Ich will dich lieben, meine Stärke", das mir heute so recht aus dem Herzen kommt.

Aber was singt denn da die Petereitsche, die vor mir sitzt? Das ist doch eine ganz andere Melodie! Da die Petereitsche aus Kiaulkehmen ist, fühle ich mich für sie verantwortlich. Noch eine Strophe – wahrhaftig, sie singt auf eigene Hand!

„Nummer 311!", flüstere ich ihr ins Ohr.

Aber sie schüttelt hartnäckig den Kopf und sagt: „Eck hebb noch von jennem!"

Wir haben das erste Lied nämlich nicht bis zu Ende gesungen.

Nach dem Frühgottesdienst strömt der größte Teil der Kinder wieder ins Freie. Ich unter ihnen. Es kommen erst die Konfirmierten, die Konfirmanden und die Nemmersdorfer Schule an die Reihe. Und Vater wünscht nicht, dass wir vor der Prüfung müde werden.

Draußen im lachenden Sonnenschein, und so ganz in der Nähe gesehen, schlägt's einem förmlich ins Blut, wie unermesslich viel schöne, neue Kleider der liebe Gott hat wachsen lassen. Vorhin, da sah man noch nichts einzeln. Ich treffe mit Dietrichkeits Ida und Adanks Marie, den Lehrerskindern aus den Nachbardörfern, zusammen. Ida blüht heute blau, Marie rosa! Mich, die Weiße, nehmen sie in die Mitte.

Es ist nicht zu leugnen, wir amüsieren uns. Aber wir amüsieren uns mit Haltung! Wir haben uns umschlungen und gehen sorgenvoll und Kuchen essend auf und ab. Wenn wir an der alten Linde vorüberkommen, die sich so schräg nach der Kirche zu aufrichtet, laufen wir, mühsam das Gleichgewicht haltend, ein Stücken längs des rissigen und bemoosten Stammes hinauf. Das ist ein geheiligter Sport, unsere Urgroßmütter taten schon desgleichen. Dann gehen wir weiter.

„Sobald die Nemmersdorfer Schule singt, müssen wir hinein", erzählen wir uns gegenseitig mit angenommener Ruhe. Wir wiederholen es sehr oft.

Und dann überrumpelt es uns doch beinahe, als der Chor der Präzentorschule so wunderschön einsetzt: „O Täler weit, o Höhen!" Just im entscheidenden Augenblick ist meine blaue Schleife an einem Lindenast hängen geblieben, und ich muss nun ohne Schmuck hinein. Denn jetzt hat unsere große Stunde geschlagen.

Das heißt zum S a m m e l n geschlagen, immer noch nicht zur Schlacht!

In demselben Augenblick, da die Nemmersdorfer singend durch die Sakristei hinaus zu dem Tisch der Struckmannsche ziehen, ziehen zwei andere Schulen, die bisher geschlossen auf den Bänken unter dem Orgelchor gesessen, durch den Mittelgang singend nach dem Altarplatz hinauf. Die sind nun „dran!"

Und die von ihnen geräumten Plätze werden nunmehr links vom Gang von unserer, rechts von der Adomlauker Schule eingenommen.

Vater und Herr Lehrer Dietrichkeit überzählen ihre Schar. Ich zähle im Stillen mit und entdecke, dass Rienzens Karl und Isekeits Franz fehlen. Es muss aber auch i m m e r was Unangenehmes passieren! Aber auch i m m e r! Und der Vater hat ihnen doch s o gesagt …! Der steht seelenruhig da, während meine Augen ängstlich zwischen den beiden Eingängen hin- und herlaufen.

Na, e n d l i c h! Mit ihren ein bisschen dämlichen Gesichtern und den viel zu langen Hosen erscheinen mir die beiden Hütejungen jetzt doch wie leibhaftige Engel.

Gottlob, nun ist alles in Ordnung! Und mit ganzer Seele tauche ich unter in den Zauber der Stunde.

Diese leise Bewegung ringsumher! Dies heimliche Raunen und Flüstern, bei dem man nichts einzeln unterscheidet! Dies Hinhorchen und Erwarten, Sichfreuen und doch – doch dabei Bangen …! Es ist wundervoll! Und wie die e i n e Stimme dort vom Altarplatz her sich immer wieder aus dem allen heraushebt und andere Stimmen weckt! Und dass das alles kein Spiel, sondern ein richtiger, wichtiger Ernst ist! Ein Ernst unter Gottes Augen!

Dunkel kommt mir ein Bild aus der Schöpfungsgeschichte: Und der Geist Gottes schwebte über den Wassern! –

Da – ein Ruck geht durch unsere Reihen. Die Gerwischker Schule dort vor dem Altar hat mit dem ersten Liede eingesetzt. Wir s t e h e n bereits! Wir treten aus den Bänken! Vater und Herr Dietrichkeit beginnen uns im Gange zu ordnen – immer zwei aus unserer, zwei aus der Adomlauker Schule in einer Reihe.

Unser Stehen und Warten hat mit einem gewöhnlichen Stehen und Warten nichts gemein!

„Das war ja ganz vortrefflich", klingt's da oben auf dem Altarplatz. „Nun bitte ich noch um einen Choral!"

Von jetzt ab hängt unser Auge an Vaters Gesicht.

Und wieder von da oben her:

> „Erhalte mich auf deinen Stegen
> Und lass mich nicht mehr irre gehen!
> Lass meinen Fuß auf deinen Wegen
> Nicht straucheln oder stille stehn!
> Erleuchte Leib und Seele ganz,
> Du ewig starker Himmelsglanz!"

Ein Geräusch von vielen sich entfernenden Tritten nach der Sakristei zu! Vaters Stimmgabel klingt! Ein kaum hörbares La summt durch unsere Reihen.

> „Großer Gott, wir loben dich!
> Herr, wir preisen deine Stärke!
> Vor dir neigt die Erde sich
> Und bewundert deine Werke!
> Wie du warst vor aller Zeit,
> So bleibst du in Ewigkeit!"

Unser Schreiten und Singen hat mit einem gewöhnlichen Schreiten und Singen nichts gemein. Mir ist: Wir schreiten nicht – wir s t e i g e n !

Und nun sind wir auf dem Altarplatz angelangt. Und Wirklichkeit wird, was so lange unser Träumen.

Gegenwart! Wirklichkeit!

Aber als die blauen Schleier der Ferne von ihr fallen, erscheint sie mir ja plötzlich so nüchtern! Viel, viel zu wirklich! Der Fußboden, auf den wir jetzt unsere Bücher legen, ist ein gewöhnlicher roter Ziegelfußboden. Der Kalmus, mit dem er überstreut, ist zertreten und strömt gewöhnlichen Kalmusgeruch aus!

Und der Mann im Talar da vor uns …! Ist das unser lieber alter Konster, der uns vorhin vom Wege grüßte, der Bettlern Kleidung gibt? Er ist so merkwürdig klein und gebückt. Sein großes Gesicht so streng, so unschön! Die Augen darin haben so etwas Forderndes!

Ach, was man doch alles in einen einzigen Seufzer hineinlegen kann! Denn zu mehr bleibt mir ja keine Zeit, Herr Dietrichkeit beginnt bereits mit der Lektion.

Er spricht sehr ruhig, sehr herzlich, wie's zu seinem sehr wohlwollenden, freundlichen Gesicht gehört. Die meisten seiner Fragen fliegen zu uns herüber. Denn es ist für jeden Lehrer eine Ehrensache, die Nachbarschule zur Geltung zu bringen. Und zehn – zwanzig von unsern Händen heben sich, sie aufzufangen.

Der Herr Konsistorialrat nickt uns zu. Seine Seele steht auf – schreitet unsere Reihen entlang.

Es teilt sich uns mit. Wir recken uns ein bisschen in die Höhe, unsere Antworten bekommen einen frohen, klingenden Ton. Und ich möchte die Arme ausbreiten: Es geschieht mir ja alles, wie ich geglaubt! Was – unschön? Was – streng? Ich schäme mich, dass ich doch wieder darauf hineingefallen. Und weiß doch von all den Jahren her: Das sieht bloß von Anfang so aus! Nachher k o m m t ' s – nachher k o m m t ' s !

Was man doch alles in einen einzigen Seufzer der Erleichterung leise hineinjubeln kann!

„Worüber freust du dich denn so, mein Kind?" Der alte Konster spricht so leise zu mir, dass ich's mehr lese als höre.

„Ich weiß nicht – es ist alles so schön!"

Aber dann wird es doch eine richtige Visitation voller Gründlichkeit und Feuer. Schon nach der Art, wie der alte Herr die Fragen stellt – ganz rasch und ein bisschen springend –, wie er sich hin und her wendet, wie er alle von uns zum Reden bringt, mit einem ermunternden Wort diejenigen hervorholt, die sich gern verstecken – schon aus dieser Art wissen wir's: Der alte Konster ist „h i n e i n g e k o m m e n ".

Bleibt nun bloß abzuwarten, wann er wieder „herausfindet"! Denn das ist bei ihm 'ne Sache!

Eine Dampfmaschine braust plötzlich durch die Kirche. Mit ihrem Bau und ihrer Führung scheinen mir aber die Adomlauker bewanderter zu sein als wir. Ach – und in Raumlehre drücken wir uns gerade noch so an einer Niederlage vorüber. Nur gerade noch so …!

Dafür stehen wir aber im Befreiungskriege begeistert unsern Mann, und in unserer Heimat kennen wir beinahe alle Fußpfade!

Und nun plötzlich die Aufgabe, auf unsere Schiefertafeln Sätze zu schreiben, in denen die Verhältniswörter „an – auf – hinter – in" mit dem dritten und vierten Fall Greifchen spielen. „Bis die Kleinen mit mir nach Bethlehem gewandert sind, müsst ihr fertig sein!"

Wir schreiben. Stehend schreiben wir, im linken Arm unsere Tafel haltend. In die Stille der heiligen Nacht das Gekritzel von fünfzig Schieferstiften.

„Vorlesen!", sagt der alte Herr. Wir lesen. Und ich atme erleichtert auf. Gottlob, selbst unsere zweite Abteilung hat's ziemlich geschafft. Auch ganz verschiedenen Inhalt haben sie gewählt. Vater wird sagen: Sie haben g e d a c h t!

Der alte Konster ist Feuer und Flamme. „Vortrefflich! Ganz vortrefflich! Jungens, ihr könnt alle mal Ortsschulzen werden! Müssen's doch noch mal m ü n d l i c h versuchen."

Wir halten uns auch mündlich. Es kann selbst Rienzens Karl nicht passieren, dass Schneewittchen vom Jäger in d e m Walde geführt wird und dass er seine Schlorren unter d e r Bank stellt. Der alte Herr redet ihm freundlich zu – aber Karl hat seine gegründete Ansicht und stellt seine Schlorren unter d i e Bank.

Der alte Konster drückt meinem Vater die Hand. „Ja, die deutsche Sprache, die liebe deutsche Sprache! Es gibt mir immer einen Stich ins Herz, wenn ich sie so verhunzen höre. Kinder, daheim und wenn ihr unter euch seid lieber plattdeutsch reden! Ja, warum denn auch nicht? Ein ehrliches Platt passt zu Lehmboden, passt zu uns Ostpreußen!

Aber wenn Hochdeutsch, dann kein verkrüppeltes Hochdeutsch! Dann kein verkrüppeltes! Unsere Heimat ist gerad und gut gewachsen – man soll sich nicht die Ohren zuhalten müssen, wenn sie den Mund auftut!"

Er wendet sich zu den Kleinen! Heller Sonnenschein ist in seinen Zügen, heller Sonnenschein in den ihren: Sie sind ihm schon vorhin bei der biblischen Geschichte verfallen. „Nun möcht ich bloß noch mal hören …! Kannst du, Kleine, da in dem schönen, blauen Kleidchen, mir wohl ein paar Hauptwörter nennen?"

Er hat Bergs Malak bezeichnet, die sich stöhnend bald auf einen, bald auf den andern Fuß stellt. Doch sie weiß: „Salbenschachtel, Esel, Hundewetter."

Mit welcher Seligkeit wir uns nun zum Gesange ordnen! Es singt sich gut und leicht, wenn man eben vorher gelacht hat. Was aber das Beste: Wir haben bestanden – das ist außer Frage – wir haben bestanden! Und in unserm Frühlingslied jubeln die Lerchen!

Ein Lied von den Adamlaukern folgt. Während sie singen – und sie singen schön! –, schau ich unverwandt in das große, seltsame Antlitz da vor uns. Bei Onkel Fritz in der Wohnstube hängt ein Mosesbild …! Aber nein – der Heiland hat ihm die Züge geprägt.

„Nun bitte ich noch um einen Choral!"

> „Jesu, geh voran,
> Auf der Lebensbahn!
> Und wir wollen nicht verweilen,
> Dir getreulich nachzueilen!
> Führ uns an der Hand
> Bis ins Vaterland!"

Unser Albert

Und also erzählten es mir die Bäume, die auf den lieben Weg zwischen uns und Nemmersdorf aufpassten. Also erzählten sie es mir, da ich mit dem Telegramm an meinen Soldatenbruder an ihnen vorüberflog und es immerfort hinjubelte: „Unser Albert ist da! Unser Albert aus Amerika ist da!"

„Ich weiß", nickte bewegt die graue Weidengroßmutter am Steinerberg. „Guck, hier auf eurer Wiese, da hat er sich niedergeworfen und die Erde geküsst!"

„Und vorher, da ist er nicht gegangen wie ein erwachsener Mensch, so Schritt für Schritt", flüsterte die Pappel an Lynkers Korn, „da ist er g e l a u f e n – richtig g e l a u f e n !"

Aus der Birke, die unweit auf der andern Seite des Weges stand, kam ein leises, liebes Lachen. „Du – und dabei hatte er doch soeben die Uhr gezogen und gesagt: ‚Ich bring's nicht übers Herz, Mutterchen die Nachtruhe zu stören! Ich will's noch aushalten bis drei Uhr!'"

Das hat er aber nicht geschafft, liebe Birke, es war ja ringsum noch ganz grau, als Mutterchen in den Garten kam!

„Und dass er noch die Stelle kannte, an der er mir damals so weh getan", sagte die Linde am Mühlenweg mit leise zitternder Stimme. Ganz sanft fuhr er mir über die Narbe hier unter dem ersten Astansatz und las: ‚Ade, du mein lieb Heimatland!' Mit den F i n g e r s p i t z e n las er's. Denn seine Augen …!"

Ja, mit seinen Augen war das wohl im Augenblick nichts Rechtes, liebe Linde!

Noch viele andere von den guten Bäumen gerieten ins Flüstern und Erzählen. Die jungen unter ihnen kannten ihn noch gar nicht, da er ja doch schon so viele Jahre über dem großen Wasser gewesen, und fanden ihn sehr hübsch und fein – aber was die a l t e n sagten, das war doch noch viel schöner. Und als ich in Nemmersdorf mein Telegramm zur Post gegeben und den gleichen Weg zurückflog, sprachen sie noch immer davon. –

Ja, er war nach Hause gekommen, er war zu uns zu Gast gekommen, unser Albert! Und ganz gewiss und leibhaftig war er da, und kein Mensch hatte ein Wörtchen darum gewusst.

Allerdings, dass uns irgendetwas g e s c h e h e n würde, dass irgendetwas bei uns vor der Tür stand, das hat Mutterchen wohl gefühlt. Besonders in dieser letzten Nacht! Da war es ihr immer gewesen, als ob sie etwas zöge – zöge …! Und endlich hatte sie es vom Lager emporgezogen in den Garten hinein.

Und da war er aus dem grauen Nebel aufgetaucht! Sie stießen beide keinen Laut aus. Sie hielten sich an den beiden Händen und tranken einer des andern Bild. Erst als das Brennendste in ihnen gelöscht, fielen sie sich aufschluchzend ans Herz.

Und dann Vater …!

Und dann wir Schwestern! –

An dem Tage ist auf den Kiaulkehmer Feldern nicht viel gearbeitet worden, erzählte uns später die Tuleweitin. Immer hätten die Leute in hellen Haufen zusammengestanden und über das große Ereignis geredet. Und alle Mütter im Dorf hätten Freudentränen geweint!

Und am andern Morgen nochmals ein Wiedersehen! Und zwar eins mit Hurrarufen, Auf-die-Schulter-Schlagen, lautem Sich-Wundern und schließlich – trotz allem Sträuben – doch a u c h mit Freudentränen!

Der S o l d a t e n b r u d e r ! Nun war auch er gekommen! Und der Zeiger der Uhr wirklich schon auf vier! Denn

Nachtruhe bleibt Nachtruhe, und Gustel war wohl eine geschlagene Stunde lang erst rund um das Haus gelaufen, bevor er gepocht.

Und wie die beiden fein aussahen! Gustel trug einen blonden Bart und hatte richtig seine neue Zahlmeisteruniform an. Und Albert hatte einen schwarzen Schnurrbart und war so groß und gerade wie die Tanne an unserem Gartenzaun.

Nein, und war das die Möglichkeit: Sie fingen wahrhaftig an zu tanzen! Nicht so, wie man immer tanzt! Anders! Viel, viel lustiger!

Bis Hanna erklärte, sie müsse jetzt entschieden Kaffee kochen, frühstücken sei auch etwas Gutes!

„Aber doch nicht ausgerechnet Kaffee", lachte Albert mit seinem hellsten Lachen. „Wo ich doch extra rübergeschwommen bin, um mal 'ne anständige Milchsuppe zu essen! Weißt du noch, Gustel: Roggenklunker! Und so dick gekocht, dass der Löffel drin stehen kann!"

Da ging Mutterchen stillschweigend hinaus und kam nach einem Weilchen mit einem runden Tonteller – Schiew genannt – wieder, darin lag ein Zinnlöffel. Auch ein Milchtöpfchen stellte sie auf den Tisch; auf dem stand in goldenen Buchstaben: Ich gratuliere!

Das war in Alberts Kindheit sein Essgeschirr gewesen und hatte all die Jahre, da er fern war, in Mutters Hochzeitstruhe gestanden; nicht einmal Vater hatte darum gewusst!

Als den Brüdern die Erinnerung an diese alte Herrlichkeit dämmerte, waren ihre weißen Porzellanteller auch schon beiseitegestellt. „Hanna hier – hier hinein!" Und wie sie es als sechs- oder siebenjährige Bürschlein wohl hin und wieder getan haben mochten, begannen sie gemeinsam aus Alberts „Schiew" zu löffeln.

„Mutterchen, der Gustel fischt", rief Albert plötzlich. Und unsere ganze Stube war voll Lachen.

Wenn die Eltern an den folgenden Tagen vom Schlaf erwachten, kam ihnen stets ein Augenblick des Bangens, dass sie es vielleicht nur geträumt hätten! Mutter war unfähig, diesen Augenblick zu ertragen, und sie hängte von nun ab alle Abend Alberts großen, weißen Panamahut an die gegenüberliegende Wand. Da sahen sie's denn gleich beim ersten Augenaufmachen, dass es Wirklichkeit war.

Es wurden herrliche, wunderherrliche Wochen für uns. Hatte Gott uns unsichtbar eine Leiter an den Himmel gestellt und ließ daran die seligsten Tage hinunterklettern?

Allerdings, das Stürmende in der Brüder Art hatte nachgelassen! Aber ob ihre stillere Sprache weniger schön war? Aus „Mutterchens und Vaterchens Jungens" waren nun ihre erwachsenen Söhne geworden, ihre F r e u n d e, die nicht von ihrer Seite gingen, alles mit ihnen besprachen, was das Leben ihnen schon gebracht und wohl noch bringen würde! Bei dem Ausblick auf das Letztere strahlten ihre Augen auf: Sie hatten beide Bräute!

Ach, das musste doch etwas sehr, sehr Gutes sein, eine Braut zu haben!

Und wie lieb und lustig und teilnehmend sie sich auch als B r ü d e r zeigten! Hanna blühte in ihrer Gesellschaft ordentlich auf. Und Martha wollte stets von ihnen so vielerlei wissen. „Also in Amerika versuchen es die meisten jungen Mädchen, sich selbst ihr Brot zu verdienen?"

„Ja, Schwesterchen – und pass auf, das kommt auch noch zu euch herüber! Aber ihr müsst dabei hübsch anmutig und nett bleiben!"

„Versteht sich!" –

Einmal kam es in dieser Zeit doch dazu, dass Mutterchen ein wenig ärgerlich wurde: Wir Schwestern hatten alle drei ohne Erlaubnis am Alltag unsere weißen Kleider angezogen. „Hat denn im Kiaulkehmer Schulhaus alle Ordnung aufgehört?"

Doch Vater lachte ihr begütigend zu: „Ach, Mutterchen, was Ordnung! Für diese paar Wochen in den Winkel mit ihr! Freude, Freude – das ist jetzt unser Wort!" Und er tanzte mit mir auf der Wiese eine Heukepse[36] um, dass uns das duftende Heu nur so um die Köpfe flog. Und Mutter

---

lachte auch. Und dann lagerten wir alle auf dem weichen Polster und guckten in den blauen Himmel.

„Wie schön er heute ist!", sagte Hanna leise.

Albert nickte gedankenvoll. „Ja – so hoch und fein, so richtig d e u t s c h! Drüben zieht der Rauch der Schornsteine über ihn hin, und die Häuser klettern zu ihm hinauf und sehen ihm ins Gesicht. Es sieht mir manchmal ordentlich d r e i s t aus!"

„Ja, kannst du das denn aushalten?", fragte Martha. „Willst du denn nicht doch lieber bei uns bleiben?"

Aber Mutterchen wehrte ihr fast heftig. „Es soll ihn mir keiner quälen! Wo man seine Braut hat …! Es soll ihn mir niemand quälen!"

Sie selbst aber war ganz blass geworden. Und auch Vater hatte sich abgewandt. –

Abends bekamen wir jetzt immer viel Besuch von Nachbarn und Verwandten. Sie kamen aus wirklicher Freude. Dann ging es los: „Aber so was, so was – der Albert! Und sieh mal einer an, groß und hübsch bist geworden! Ja, das muss dir der Feind lassen! Aber was ich noch fragen wollt – sag mal, G e l d ist da drüben wohl nich knapp?"

„Nein, Geld ist da drüben bei uns nicht knapp! Aber ich für meinen Teil bin froh, dass ich mein gutes tägliches Brot habe!"

„Nich m e h r ?" Das Erstaunen zog das Wort „mehr" so lang wie unsere Stube. Aber bei manchen war es durchaus kein schmerzliches Erstaunen, wie es mir scheinen wollte.

„Nein, noch nicht. Aber ich bin ja jung und gesund. Vielleicht – !"

„I, das ist schon möglich! Und denn beerbst ja nachher doch wohl auch noch den reichen Onkel!"

An dieser Stelle des Gespräches stießen Martha und ich uns gewöhnlich an und lachten ein bisschen, worauf Hanna uns einen strafenden Blick zuwarf. Aber wenn wir nach Vater hinüberschauten, sah auch aus seinen Augen ein ausgesprochenes Vergnügen heraus – und wir riskierten's das nächste Mal wieder!

Die Sache war nämlich so: Unser Albert war allerdings seinerzeit mit der bestimmten Aussicht nach Amerika gegangen, dem heimwehkranken Onkel und Paten dort auf dessen dringenden Wunsch – ein F l e h e n war's zuletzt gewesen – Sohn und natürlich auch Erbe zu werden. Was mochte es damals die Eltern gekostet haben, ihn ziehen zu lassen! Aber wenn einem Kinde solch ein Glück winkt …! Herr Pfarrer Dewitz hatte ihnen gesagt, sie könnten es nicht verantworten, in der Enge festzuhalten, was hinaus und hinauf wolle! Und noch ehe sie sich recht entschlossen, hatte ihnen der Herr Baron auf Nemmersdorf schon zu ihrem großen Glück gratuliert.

So war ein Kiaulkehmer Kind auf das große Wasser gekommen, und das Segelschiff hatte acht lange Wochen gebraucht, um es an sein Ziel zu bringen.

Aber dann war's für unsern Albert ja wirklich sehr schön geworden! Onkel und Tante hatten ihn bald lieb gewonnen, und am Abend konnten die drei nun miteinander in den feinen, tiefen Ledersesseln von den heimatlichen Kornfeldern träumen und sich in deutscher Sprache darüber unterhalten, wie gut es sich doch daheim gesessen auf den harten rot gestrichenen Holzstühlen mit dem herzförmigen Ausschnitt in der Lehne.

Und Albert schrieb nach Hause: „Es ist hier herrlich", und passte sehr auf, dass seine bittern Tränen nicht auf das feine, duftende Briefpapier fielen. Und die Eltern legten sich die „frohe Nachricht" auf ihre Wunde da innen und auf das nagende „Ach Gott, wir hätten es doch nicht zulassen sollen", und Mutterchen stand von ihrem Krankenlager auf.

Allmählich aber hatte Albert da drüben Wurzel geschlagen. Und in Onkels Leben war eine große Veränderung eingetreten: Er war Witwer geworden und hatte sich dann noch einmal verheiratet. Und mit den Jahren lachten nun Albert fünf Vettern und ein Bäschen aus dem hübschen Nest entgegen. Wie Albert das freute! Wie er mit ihnen lustig war! Und dass nun natürlich gar nicht mehr daran zu denken war, er selbst würde einmal Onkels Erbe sein, das kümmerte ihn unendlich wenig. Hatte er nicht seinen Beruf und sein gutes Auskommen? Und dass er dies nach seiner für Amerika viel zu o f f e n e n und etwas s c h w e r f ä l l i g e n Art ebenso mühsam, so Schritt für Schritt wie bei uns daheim erwarb, das war ihm gerade recht, das hatte so etwas D e u t s c h e s an sich!

Und nun gar – nachdem er das liebe Mädchen dort gefunden …! Es war doch – d o c h zu seinem g r o ß e n Glück gewesen, dass er hinausgezogen! –

Wir hatten das von dem Nicht-Erben und von dem Nicht-reich-Sein den Nachbarn wohl schon zwanzigmal erzählt, trotzdem Mutterchen es durchaus nicht gern zugab, wenn sie sich in irgendeiner Erwartung getäuscht hatte – aber manche von ihnen wollten es doch gern noch einmal hören.

Darüber stießen Martha und ich uns denn immer heimlich an und lachten ein bisschen.

Aber dass sie unsern Albert so hübsch fanden, und so verständig und treuherzig, und so gar nicht wie einen Fremden, das gefiel uns sehr von ihnen.

Der alte Nachbar Z. kehrte sogar noch einmal um, als er schon am Dorfteich war, kam langsam zu uns in den Garten zurück und meinte bedächtig: „Ja, Kinder, und was ich noch sagen wollt' …! Na, Donnerja, das hab ich nu doch wieder vergessen! Gute Nacht denn!"

Aber am Zaun, da war's ihm zum Glück doch noch eingefallen. „Weißt du, Albertchen, ich mein man –: Wenn so, denn ja!"

Und das war doch gewiss ein großes Lob!

Morgens hatten es die Brüder immer sehr eilig, an ihre Zeitungen zu kommen. Kaum, dass Vater Miene machte, mit mir ins Schulzimmer zu gehen, so hatten sie schon die „Preußisch-Litauische" in der Hand. Aber sie lasen sie niemals im Zimmer. Es schien, das gehöre sich nicht – Zeitungen müsse man ein für alle Mal im F l u r lesen!

Dann nahmen sie ganz nahe an der Schulstubentür Platz, hinter der wir um diese Zeit unsere Religionsstunde hatten – ganz nahe. Wie schön ihnen das klang, wie altvertraut! In Vaters Stimme läuteten noch immer die Glocken! Und die Feier, zu der sie riefen, war auch noch immer der Sieg des Lichts über alles, alles Dunkel!

Auf den Treppensteinen hüpften die Spatzen, aus dem Nest da vorn unterm Dach klang ein Schwalbengespräch. Zuweilen kamen Mutter oder eine der Schwestern mit Milcheimer, Salatschüssel oder Gemüsekorb vorüber. Sie gingen auf den Fußspitzen, um nicht zu stören. Es war ein feierliches Zeitungslesen.

Aber dann der totenblasse Morgen, da der Brief von Alberts Firma in New York eintraf: „In acht Tagen, wenn's sein kann!" –

Ein Bauerssohn aus Stobricken wollte gern mit hinüber. Da sah ich Albert, wie ich ihn nie vorher und nicht nachher gesehen. Er sagte nur leise: „Ich rate es dir nicht", und ging hinaus. Und kam erst nach Stunden wieder heim.

Und der Stobricker Bauerssohn blieb hinter seinem Pflug – i h n aber zog's zurück über das rauschende Wasser. Nicht das tausendarmige Leben da drüben war's – nein, das andere. „Wo jemand seine Braut hat …!"

„Ich bitte, ihr Wellen, geht sacht – geht sacht!
Ihr tragt eine liebe, teure Fracht!
Ich bitte dich, Wind, kein lautes Wort –
Unser Sohn, unser trauter Sohn, ist an Bord!"

Ein tiefes Weh ging durch unser Leben. Mutterchen war lange Wochen hindurch sehr elend. –

Dann zog in das Kiaulkehmer Schulhaus ganz, ganz langsam wieder – die Ordnung ein.

111

„Es fiel ein Reif ..."

Der erste Herbststurm wirbelte in unserem Garten. Er hatte sich erst spät am Nachmittag zu wildem Tanze aufgemacht. Bis zur Vesperzeit hatten wir noch auf unserm Feld die Kartoffelernte halten können. Immer Hanna und die Frau Meisterin auf einem Beet, Martha und die Hermannsche auf dem andern. Dicht hinter ihnen Wise und ich, die ausgegrabenen Knollen in Weidenkörbe sammelnd.

Das war sonst eine meiner liebsten Arbeiten gewesen. Es ließ sich dabei gut miteinander schwatzen, und dann vor allem das Vesperhalten hier draußen! Schon zehnmal hatte man die Hand schattend über die Augen gelegt, um Ausguck zu halten, ob daheim der Schornstein noch immer nicht rauche. Und dann waren sie auf einmal längs der „Grenze" dahergekommen, Vater, an jedem Arm einen Korb tragend, Mutter, die braune Kaffeekanne behutsam mit den Händen haltend.

„Ja, nun hab ich euch aber beim besten Willen heut nichts zum Kaffee backen können. Man weiß auch gar nicht, wo all die Arbeit herkommt. Aber, nicht wahr, es kann doch gut und gern auch mal schönes grobes Brötchen sein?"

Wir stutzten. Sollte Mutterchen heut wirklich – ? Und dann nach unauffälligem Schnuppern nach dem Korbe hin ein Freudengeschrei!

„Frau Lehrer, eck road (rate) Flinse!"

„Löffelkuchen, Mutterchen, oder Trichterkuchen! Ich roch's schon am Rauch!"

Und dann den Deckel vom Korbe gerissen und gelacht und getanzt. Meistens waren es frische braune „Kropfen".

Später, wenn man schon ernstlich müde geworden, schichtete Vater das dürre Kartoffelkraut zu einem Feuer. Ein paar der schönsten Knollen wurden gesäubert und gebraten, dann mit den Händen aufgebrochen und das Innere mit höchstem Appetit verzehrt.

Und dazu die goldene Abendsonne! Und der blaue Rauch! Und Vaters Lob: „Heute seid ihr aber mal fleißig gewesen!" –

Doch diesmal hatte das alles ein ganz anderes Gesicht für mich gehabt. Ich fand, dass es eine gräuliche Arbeit sei, die schmutzigen Dinger aufzulesen!

„Erdig, nicht schmutzig", sagte Hanna.

„Das ist dasselbe", meinte ich gereizt.

„Und dies ewige Schwatzen von der Hermannsche! Und wie schwer mir meine Füße sind! Hab ich denn Erdballen an meinen Schuhen?"

Als ich mich bückte, um nachzusehen, stach mich etwas mitten durch Rücken und Brust. „Ach, ich will das lieber nicht sagen, sonst stecken sie mich noch ins Bett", dachte ich.

Bald darauf richtete sich der Wind, der schon tagüber hinter dem Berg gekauert, hoch auf, und Hanna erklärte, wir müssten nach Hause. Eine dunkelblaue Wolke lief uns nach und jagte uns quer über die Weizenstoppeln. Ganz durchnässt kamen wir in unsern Flur und hörten, dass Mutterchen sich mit heftigem Kopfschmerz zu Bett gelegt – nur Hanna sollte zu ihr hineinkommen. Vater hatte zur praktischen Lehrerkonferenz nach Kieselkehmen gehen müssen. –

Jetzt lag ich mit einem nassen Halsumschlag – Martha meinte, ein Halsumschlag sei i m m e r gut – neben ihr in der Bodenkammer und weinte darüber, dass sie so schön fest schlief.

Wie kann man nur so fest schlafen, wenn der Wind hinter unsern Bäumen her ist! Hart schlagen die Winteräpfel auf die Erde. Und dazu dies Knarren und Klappen, Knarren und Klappen! Wise hat natürlich wieder die Gartentür offen gelassen!

Aber wenn ich nur wüsste, was das K l i r r e n da unten bedeutet? Jetzt ist's weg – nein, da kommt's schon wieder. Von dem Klirren wird mir noch viel heißer, als es mir so schon war.

Ach – Gott sei Dank – das sind Vaters Schritte, das Klirren hört auf, dafür kommt ein lang gezogener, heulender Ton durchs Dach gekrochen. Es ist also Bergmann gewesen, der sich losgerissen hatte.

Nun geht die Tür und Vater begibt sich zur Ruhe. Es wird wieder still im Hause. Draußen aber klappt es weiter, – knarrt und klappt – knarrt und klappt! Von der Dorfstraße her kommt der Pfiff des Nachtwächters. Wie schaurig das klingt! Und die ganze Welt ist voll Sturm.

„Martha!"

„Ja, mein Goldchen!"

Sie wirft sich auf die andere Seite und schläft weiter. Und endlich kommt er auch an mein Lager huschend heran – der Schlaf.

Da …!

Ich fuhr steil in die Höhe. Ein heftiges Klopfen unten an der Haustür. Darauf am nächsten Fenster – und wieder am nächsten Fenster! – Jetzt war auch Martha wach.

„Wo willst du hin?", schrie ich gellend. Es war mir durch den ganzen Körper gefahren.

„Bleib nur im Bett, Friedel, ich will bloß rasch mal nachsehen – !"

Sie hatte ein paar Kleidungsstücke übergeworfen und lief der Treppe zu. Ihr Licht verschwand im Flur. Auch aus der Wohnstube und aus Hannas Kammer unten hörte ich rasche Schritte. Ein Reim aus dem „Skiläufer" – erst unlängst hatten wir das Gedicht in der Schule gelernt – raste durch meine Angst: „Die Leuchte seiner Hand entfällt, er sah vom Feind das Haus umstellt!" Sie sollen nicht aufschließen! Sie sollen nicht aufschließen!

Aber sie hatten es bereits getan. Eiskalt fuhr der Wind

mir um die bloßen Füße. „Halt mich, Vaterchen, halt mich!"

Beim beruhigenden Lampenlicht der Wohnstube neben Mutterchen eingebettet, konnte ich dann wieder richtig s e h e n .

Also Großmutter Gillmann, die arme Großmutter Gillmann ist's gewesen, die vorhin so schaurig geklopft hat. Und ich hab gedacht ...!

Aber was ist d a s ? Sie hat ja einen blutroten Streifen überm Gesicht! Und sieht's nicht aus, als ob Hanna sie hält? Da braucht Vaterchen sich gar nicht davorzustellen – ich hab's gesehen, sie hat einen blutroten Streifen überm Gesicht. „Wer hat ihr das getan, Mutterchen, wer hat ihr das getan?"

„Aber du musst dich doch nicht so aufregen, mein Kind. Es ist alles wirklich nicht so schlimm! Mach man ganz fest die Augen zu und schlaf. Martha heizt drüben schon den Ofen an und macht für Großchen ein hübsches, warmes Bett zurecht."

Auch Vater kam auf einen Augenblick zu mir heran. „Ganz ruhig – ganz ruhig! Morgen früh ist alles wieder hell!"

Unter Mutters streichelnder Hand fielen mir auch wirklich die Augen zu. Aber das Ohr wachte noch und horchte ...! „Der Schwiegersohn ... Schnaps ... ganz von Sinnen!" Und das lauschende Ohr erzählte alles dem dämmernden Geist, und der wob eine lange, dunkle Geschichte daraus. Glühendes Fieber hatte sich, verworren redend, zu mir aufs Kissen gelegt.

Als der erste Schnee fiel, und unsere lieben Obstbäume weiß durchs Fenster guckten, war ich so weit, dass ich wieder aufstehen konnte. Wie anders es jetzt in unserer Wohnstube aussah! Mit dem fremden, breiten Schrank dort in der Ecke und der Kommode hier neben der Tür – ein Sonnenstrahl spiegelte sich eben in ihrem Messingbeschlag – erschien sie mir viel kleiner als früher. Das Fenster neben der Putzstube nahmen Großmutter Gillmanns brauner Stuhl und ihr geschnitzter Spinnrocken ein, und am Tisch mussten wir enger zusammenrücken, damit die alte Frau bequem Platz hatte.

Ach, und der rote Streifen da quer über ihrem Gesicht war auch noch immer da. Was hatte dieser Streifen mich all die Wochen hindurch gequält! Ohne den Streifen wäre ich sicher nicht so schrecklich krank gewesen.

Und einmal, als sie den langen Hemdärmel zurückgeschlagen, da hatte ich's auch schräg über ihrem Arm gesehen.

Dass es so etwas gab, so etwas Furchtbares! Und noch dazu bei uns im Dorf! So etwas passierte doch sonst höchstens irgendwo in der Welt – hundert, hundert Meilen von uns entfernt!

Es kam mir nicht etwa der Wunsch, dass die alte Frau von uns fortgehen sollte. Das war ja unmöglich. Sie hatte doch keinen Menschen weit und breit! Und selbst wenn sie jemanden gewusst – sie konnte ja doch Ottchen nicht im Stich lassen, das arme Enkelkind mit dem B e r g des Leids auf seinem Rücken!

Ja, wenn Ottchen in den Schulpausen jetzt immer zu uns hereinkeuchte, sich neben Großchen auf die Fußbank setzte und seinen großen Kopf mit den Frageaugen an ihre Knie lehnte, dann hätten wir bereitwillig Großmutter Gillmann auch das zweite Fenster eingeräumt. Wir alle, alle!

Und in diesen Augenblicken sah man auch gar nicht mehr nach dem roten Streifen auf ihrem Gesicht. Dann sah man nur, wie ehrwürdig die alte Frau da neben ihrem Spinnrad erschien, wie tannenaufrecht sie sich hielt, wie glatt ihr gerader weißer Scheitel war, und begriff, dass man natürlich alles so machen müsste, wie sie es wolle – denn das lag so in ihr. Auch den Schimmer einer fast übermenschlichen Liebe zu dem verwachsenen Enkelkind sah man dann in ihren grauen Augen und man nahm sich für ein Weilchen das Herz, ihr gut zu sein.

Doch sobald Ottchen ging, wurden ihre Augen glanzlos wie ein Nebeltag, und wenn er tage-, ja manchmal wochenlang nicht zur Schule kommen konnte, ging mit ihr eine seltsame Veränderung vor. Dann überwältigten sie ihre s t u m m e n Tage, an denen sie nur ihr Spinnrad reden ließ.

„Ihr müsst tun, als ob ihr es gar nicht merktet", belehrte uns Vater. „Damit hilft man ihr am schnellsten darüber weg!" Und wenn er zugegen war, konnte das Starre, Lähmende, das von ihrem Fenster zu uns herüberkroch, uns nicht viel anhaben. Aber er hatte außer den Schulstunden ja doch immer viel draußen in der Wirtschaft zu tun, und außerdem schrieb er in diesem Winter eine Reihe kleiner pädagogischer Betrachtungen für eine Lehrerzeitung und ging zu dieser Arbeit stets ins Schulzimmer hinüber, weil er dort ungestörter war.

Auch Martha war gegen Großmutters Schweigen nicht so empfindlich, sie half sich schlimmstenfalls einmal mit einer kleinen Ungezogenheit.

Aber Mutter und ich …! (Hanna war jetzt in Gumbinnen, um dort die Schneiderei zu erlernen.) Mutter und ich! Sie, in ihrem nagenden Weh um Alberts Fortgehen, ich, noch mitgenommen von meiner Krankheit; bei jedem Hauch von außen zitterten ja noch alle Lebensfäden in mir.

Es wurde eigentlich immer dasselbe Bild. Eine Weile wehrten wir uns gegen das Herannahende mit aller Kraft. Wir s t e m m t e n uns förmlich dagegen. Nur keine Pause im Gespräch – sonst ist es da! Hin und wieder wagen wir sogar eine leise Frage nach Großmutter Gillmanns Fenster hinüber. Sie antwortet nicht, nur ihr Spinnrad sagt heftig: Lasst mich in Ruhe!

Und dann ist doch wieder alles umsonst gewesen. Die Stubendecke fängt an, sich zu senken. Die Wände rücken näher heran. Wie das drückt …! Wie das beklemmt! Unser Gespräch hat seinen Atem verloren. Ganz still wird's in der Stube. Das zornige Spinnrad drüben führt allein das Wort. Und der rote Streifen auf Großmutter Gillmanns Gesicht glüht …!

Es machte bei mir nicht sonderlich viel aus, dass die alte Frau sich dann am andern Tage immer wieder zu uns zurücktastete. Ich litt allein schon unter ihrer bloßen Gegenwart. Mir war, als ginge mir durch sie ein Etwas verloren, für das es gar kein Wort gab – ein liebes, schönes Etwas. Und wenn ich mich, wie ich es sonst so oft getan, den Eltern um den Hals werfen wollte, hielt die Scheu vor den fremden Augen mich zurück. Ja – täuschte ich mich? –, zuweilen wollte es mir scheinen, als ob es Mutterchen peinlich sei, mich vor ihnen zu liebkosen. Ach, und ich brauchte das … ich brauchte das! Ich hatte die dunkle Empfindung, dass ich gar nicht weiterwachsen könne, wenn ich das nicht zurückbekäme, und als stände das leise Frostgefühl, das mir von der Krankheit zurückgeblieben, damit in irgendeinem Zusammenhang.

Und dann die Dämmerstunde an jenem Sonntag, da die Tochter von Großmutter Gillmann sich zum ersten Mal zu ihr herüberschlich und so bitterlich weinte! Erst gestern wieder hatte ihr Mann in seiner Trunkenheit sie geschlagen.

Da war's, nachdem Frau Lotte gegangen – Vater und Martha hatten sich ihr angeschlossen, um noch einen Spaziergang zu machen –, als ob die alte Frau es nun allein nicht mehr tragen könne: Sie schob den Riegel von der Tür ihres Lebens fort, und ihr ganzes Schicksal stand plötzlich in unserer Stube.

Mutterchen kannte es, vieles davon hatte sie selber miterlebt. Zu mir aber war bisher nur davon Kenntnis gelangt, dass ihr Schwiegersohn t r a n k und dass er sie in jener Herbstnacht misshandelt und hinausgejagt hatte. Nun hörte ich auch das andere.

Großmutter Gillmann stammte von einem großen, blühenden Bauernhof im Pregeltal. Salzburger Sitten – Salzburger Wohlstand! Überall das bewahrende und aufbauende Auge des Bauern, der Bäuerin! Eine große Liebe, die nicht nach Hufen und Gulden fragte, hatte ihr daheim unendliche Kämpfe gebracht, aber ihr Wille hatte gesiegt – und so war sie in die viel kleineren Verhältnisse nach Kiaulkehmen gekommen. Schwere, schwere Jahre des Schweißes! K e u c h e n d e Jahre! Sie hatten es untereinander ausgemacht, sie wollten das Glücklichsein hinausschieben, bis das neue Haus fertig sei, und im Stillen hatte sie hinzugefügt: „Und bis meine Kinder so dastehen, als hätte ich nicht meinen lieben, armen Schlucker, sondern einen aus der Sippe geheiratet!"

Und die Felder blühten auf, und das Haus sah mit großen, hellen Fenstern auf sie hinaus – sah im Herbst des Jahres Vierundfünfzig Austwagen[37] um Austwagen in die große, neue Scheune fahren, eine Fülle, wie sie noch nie da gewesen.

Und da in der Nacht nach dem Bektuwis[38] … ! Ach, Mutterchen entsann sich nur zu genau: Nach kurzem, heimlichem Schwelen war's aus der Scheune aufs Dach gestiegen und hatte sich in jähem Sprung gelb aufgereckt. Und noch ein Schritt – da fraß es schon an Wohnhaus und Ställen! Und händeringendes Jammern über den Hof hin!

Und auf einmal durch die Menge gellend der Entsetzensschrei: „Das Dach …! Der Bauer …!"

Ach, er hatte noch die junge Fuchsstute losbinden wollen …! –

Ich schließe schaudernd die Augen. Das Schreckliche, das ich vernommen, und die Stille im Zimmer lösen wieder das Gefühl in mir aus, das ich erst seit Kurzem kenne – Angst, Angst! Es k a n n ja natürlich niemand reden, wenn so Furchtbares erzählt wird! Aber w e n n Mutter etwas sagte, mir wär's besser. Ach, dort auf der Ofenbank sitzt sie. Wie gern, wie gern möchte ich mich an ihre Seite setzen. Doch mitten durch die dunkle Stube gehen? Nein, nein! Gott sei Dank, dass Großchen jetzt wieder weiterspricht! –

Oh, was waren das für graue, steinige Jahre geworden nach dem Unglück! Die Nächte voll Herzeleid, die Tage voll neuen keuchenden Ringens. Aber sie zwang's! Trotzdem von den alten Gebäuden nichts versichert gewesen, wuchsen auf ihrem Hof doch neue; aus ihrem Willen, ihrem Schweiß heraus wuchsen sie.

Und endlich, endlich, da wieder Ordnung und ein bisschen Wohlstand bei ihr eingekehrt – schien das nicht, als ob

---

37 Erntewagen
38 Ernteschmaus

es nun in ihrem Leben Sonntag werden wollte? Wenn der Franz von nebenan ihre Lotte nahm, so waren Lotte und Hof in guten Händen. Der wirtschaftete, wie man zu sagen pflegt, selbst auf einem S t e i n! Und lustig war er allezeit und so herzensgut. Freudiger hatte noch nie eine Mutter ihr Altenteil genommen als sie.

Aber da war wie ein Dieb in der Nacht die Schwindsucht über den neuen Besitzer gekommen. Also weiter sorgen, weiter führen! Immer noch weiter führen, auch während der Zeit, da die Tochter Witwe war.

Und allmählich, da konnte sie es eben nicht mehr auseinanderhalten – den H o f und s i c h s e l b s t. Sie waren e i n Ding geworden mit den Jahren.

Und der Hof begann zu blühen!

Und just da traf es sie.

Gegen ihren Willen – Großmutter Gillmann entsann sich nicht, dass bisher von Menschen je etwas gegen ihren Willen geschehen – kam der mit dem Flimmern in den Augen und mit der umgeschnallten Jagdtasche ins Haus.

„Der – der auf meinem Hof, Lotte?"

„Es is nich Ihr Hof, Mutter", hatte Frau Lotte geantwortet, „es is m e i n e r! Auf'm Gericht steht's: Es is m e i -
n e r!"

„So, so – es is deiner? Ja, dann …" –

Großmutter Gillmanns Stimme bricht mittendurch.

Ich möchte in diesen Augenblick viel darum geben, dürfte ich einmal ganz leise ihr Haar streicheln. Sie tut mir so unendlich leid, die arme Großmutter Gillmann. –

Oh, sie hatte dann allmählich noch viel mehr zu ihr gesagt, die Lotte. Sie hatte es von dem mit dem Flimmern in den Augen bald gelernt. Und der verstand's erst …! Besonders wenn die vielen leeren Flaschen in der Küche standen.

„Wissen Sie, Frau Lehrer, was von da ab mein Wort zu bedeuten gehabt? So viel wie'n Strich, den ein Kind mit'm Ast über die Erd zieht. Kann jeder rübergehn – da is kein Hindernis! Und fährt einer gar noch mit der Sohle drüber, is der Strich überhaupt weg! Und die Wirtschaft …! Aber das muss einer beigewohnt haben, sonst kann – und k a n n einer nich glauben. Wie die Leut' morgens rumlungern oder durcheinander rennen ohne Sinn und Verstand! Und dann auf einmal so gegen Glock acht hin – früher sieht ihn keiner auf'm Hof – ein Geschrei und ein Lärm, als sollt die Welt untergehen. Fehlt ihm irgendeine halbe Zaunlatt oder so was! Hundert Donnerwetter laufen über'n Hof und suchen die halbe Zaunlatt. Was sind zehn Fuder trockenes Korn dagegen? Da wird erst prompt der Regen abgewartet. Und dann bei der geringsten Ursach die Reitpeitsch –"

„Er hat das Delirium, Großchen. Sie sagten doch selbst, zwischenein geht's mal eine Zeit lang ganz gut!"

„Er hat den Teufel, Frau Lehrer! Und was nützt mir das Zwischenein, wenn er nachher wieder wie ein Besessener hinter einem …"

Sie bricht ab.

Und dann mit dumpfer Stimme: „Auch dem Hof nützt das nicht viel! Zwei Jahre – drei Jahre! Dann is er fertig. Dann is er mit allem fertig! Alles auseinander, was ich …! Und die Tochter kann sich mit ihrem wunden Rücken auf'n Feldstein schlafen legen. – Aber Gott soll ihn …"

Mutterchen ist aufgesprungen. „Nein, Großchen, nein! In diesem Haus ist noch nie ein Wort ausgestoßen, das nach Fluchen geklungen. Und bedenken Sie, es könnt auch ihr armes Ottchen mittreffen!"

Es ist mir durch Mark und Bein gegangen. Ich bin wie erstarrt – o Gott, was wird nun kommen!

Aber es kommt nichts mehr. Der Jammer um Ottchen hat sich sofort bleischwer an Großmutters Gedanken gehängt, und wie so oft fällt das Gespräch lautlos in einen Abgrund.

Es war nicht gut, dass ich nach solchen und ähnlichen Eindrücken nicht laut, wie ich es gewöhnt war, mit den Eltern oder mit Martha darüber sprechen konnte, sodass meine aufgescheuchten Gedanken wieder zur Ruhe gekommen wären. Aber das war ja in Gegenwart der alten Frau unmöglich. Und wir saßen doch immer alle zusammen im Wohnzimmer, dem einzigen Raum, der in diesem bösen, kalten Winter erheizbar war; in Küche und Putzstube gefror das Wasser. Aber es war für mich nicht gut! Denn alle jene Eindrücke – von Großmutter Gillmanns nächtlichem Erscheinen bei uns an – waren zusammen mit meiner körperlichen Schwäche wohl der Boden, auf dem mir für kurze Zeit bittere Not erwachsen konnte.

Wenn jetzt abends die Lampe angezündet, die Fensterläden geschlossen waren und wir uns mit unsern Arbeiten rings um den Tisch gesetzt, den wir vor die Ofenbank gestellt hatten, ergab es sich ganz von selbst, dass zu irgendeinem Buche gegriffen und daraus vorgelesen wurde. Bei aller Rücksicht für die alte Frau – wenn sie von ihrem Prozess anfing …! Sie hatte jetzt gegen ihren Schwiegersohn, der ihr das Ausgedinge vorenthielt, Klage beim Gericht erhoben, und so verschlossen sie war, wenn es sich um ihr Gefühl handelte – h i e r b e i war sie im Erwägen und Wiederholen aller Möglichkeiten manchmal nicht wiederzuerkennen.

Also es wurde vorgelesen, vorgelesen! Das hatte sich als Ausweg für stumme wie beredte Tage schon mehrmals als wirksam erwiesen. Zuerst kam natürlich unser Schiller daran. Aber Großmutter Gillmann konnte sich in die Form des Dramas nicht hineinfinden, und wir mussten ihn beiseitelegen. Bei Zschokke streikten wieder Martha und ich, wir konnten ihn fast auswendig. Dann waren noch die Lenau'schen Gedichte da, zwei Bändchen Jean Paul und mehrere Kalender „Der hinkende Bote", aber von diesen Sachen kamen nur die letzteren in Frage. So abonnierte Vater denn auf zwei Zeitschriften.

Und die Zeit stand im Zeichen der Kriminalgeschichte! Jede zweite Erzählung begann mit einem geheimnisvollen Mord, der dort unter den Weidenbüschen … oder dort im Mühlengraben …

Dann saß ich über mein Häkelzeug gebückt da und sah die Weidenbüsche und den Mühlengraben leibhaftig vor mir. Ach – ich sah auch das andere …! Das war rot – rot! Und ergoss sich über den Garten meiner Fantasie und färbte seine weißen Blüten. Nun waren auch sie rot – rot wie Blut! –

122

Es waren natürlich keine schlechten Geschichten, die wir lasen, nichts, was man heute mit dem Namen „Schundliteratur" bezeichnet. So etwas hätten die Eltern ja weit, weit von sich geschoben. Es waren Erzählungen, wie in jener Zeit sie tausend gebildete und verständige Leute lasen, denen der Liebesroman über geworden.

Und dann hörten die Eltern und Martha doch auch etwas ganz anderes aus jenen Geschichten heraus, als ich zwölfjähriges Ding. Es fesselte sie die A r t der Darstellung, die A r t der Lösung, während ich nur auf den Hergang achtete.

Dass ich das alles so ganz anders nahm, kam ihnen nicht zum Bewusstsein. Vielleicht trauten sie mir zu viel zu! Ich aber war von dem Gehörten wie in einen Bann getan, sodass es mir völlig unmöglich war, ihnen auch nur die leiseste Andeutung von den schrecklichen Bildern zu machen, die diese Geschichten in mir weckten.

Und so konnte es geschehen, dass sich allmählich ein entsetzliches Etwas in meine Seele fraß.

Zuerst war's mir nur wie ein schwarzer Schatten eiskalt übers Herz gefahren, als wir die Erzählung „Auf dunklen Wegen" gelesen hatten. Also die blasse, stille Margarete, die so etwas Furchtbares zu erleiden gehabt, war gar nicht das Kind der Leute gewesen, die sie für ihre Eltern gehalten hatte! G a r n i c h t i h r K i n d! Ja – weiß – ich – es denn – ob ich …? Doch damals hatte der Schlaf noch erbarmend den Angstschweiß von der Stirn gewischt.

Nun aber wollte er halbe Nächte lang nicht mehr auf meine Lider kommen.

Und die Nächte waren jetzt so dunkel! Was konnte da wieder alles in der Welt geschehen! In der Welt? Dazu ist kein D o r f zu klein. Auch Kiaulkehmen nicht.

Von Großmutter Gillmanns Bettstatt her – sie schlief schon seit Wochen der Kälte wegen im Wohnzimmer – kam durch das Dunkel ein Seufzen und Stöhnen gegangen, gerade auf mich zu. Immer gerade auf mich zu.

„Mutterchen, darf ich nicht bei euch in der Putzstube schlafen?", fragte ich einmal mit unsicherer Stimme. „Oder bei Martha in der Kammer?"

„Aber, Kindchen, mit deinem Husten? Wo denkst du hin? Bleib du man schön im Warmen! Und übrigens, was würd das arme Großchen sagen? Sie meint so schon immer, du kannst sie nicht leiden!" –

Es ist manchmal, als ob die Augen der besten und verständigsten Menschen gehalten werden, dass sie etwas nicht zu erkennen vermögen, das doch dicht vor ihnen steht.

Die lieben Eltern sahen wohl, dass ich immer schmäler wurde, und es gab ihnen einen Stich durchs Herz. Immer wieder stand Mutterchen mit einer Tasse Milch vor mir. „Mein Herzenskind, wie kriegen wir dich bloß wieder hoch?" Und sie strich sich mehrmals mit beiden Händen über ihren glatten schwarzen Scheitel und schaute so sorgenvoll drein.

Immer wieder hauchte Vater sich ein Guckloch in die dick befrorenen Fensterscheiben. „Diese niederträchtige Kälte! Und der Schnee, der Schnee! Oder riskieren wir's doch mal, Friedel? Bloß dreimal rum um den Hof? Oder soll ich das große lange Mädel mal auf den Rücken nehmen? Nein? Na, wie du willst, Maus!"

Aber das, was mich innerlich verbrannte, das erkannten sie nicht. Sie waren in die Vorstellung geradezu e i n g e - m a u e r t, das läge bei mir alles „am Wachsen" und es würde sich schon geben – u n d l a s e n w e i t e r!

Ja, vielleicht lasen sie zum Teil sogar meinetwegen – abends sahen meine Augen gar nicht so matt aus wie sonst. Es schien mir also Freude zu machen! Und die Geschichten von Temme, die Onkel Fritz uns jetzt geliehen, waren ja auch wirklich sehr interessant. Die Kritik sagte: Meisterwerke der Darstellung! Kein Wunder, der Verfasser war selbst Untersuchungsrichter gewesen und wusste alles aus eigener Anschauung.

Einmal allerdings fragte mich Martha mit ihrer lauten unangefochtenen Stimme: „Hör mal, vielleicht ist dir das Vorlesen zu viel? Sag's doch man – wie hören dann auf!"

„Um Gotteswillen, nein! Mach bloß rasch, dass wir hören, ob der Bauer verurteilt wird!" –

Übrigens wenn die Lampe brannte, war mir wirklich etwas weniger schlecht zumut.

Und am Tage während der Schule war's überhaupt fort, das Schreckliche – so ausgelöscht, als hätte es mich nie gewürgt.

Aber in der Dämmerstunde und in der Nacht! Dann war Margaretens Schicksal auf einmal das meine geworden! Warum hat man mich hierher gebracht? Was hat man mit mir vor? Wozu ist die ruhelose, unheimliche alte Frau hier ins Haus gekommen?

Und immer öfter, immer enger schloss die entsetzliche Vorstellung um mich den Ring. Mit jeder neuen Schreckenstat, von der wir lasen, öfter – enger! Ach, ich stand bis an den Hals in bitterster Not. Noch handbreit …

Es kam nicht dazu.

Als meine armen Nervenfäden am Reißen waren, kam mir die Rettung. In einem lichten, heitern Kahn kam sie hineingeschwommen in die dunkeln Wasser, die mich umringten. Und der Kahn war: ein Wort meiner lieben, lieben Mutter, ein Lachen meines lieben, lieben Vaters!

Wie das sein konnte? Gar oft bleiben uns die Vorgänge in der Seele eines Kindes ein unlösbares Rätsel! Genug – es w a r so!

Ich lag in meinem zerwühlten Kissen. Es war noch nicht spät, aber ich hatte die Vorstellung, dass es schon tief in der Nacht sei, da ich einige Minuten lang geschlafen.

Und schon wollte sich's wieder auf meinen Bettrand setzen.

Doch das Sprechen da nebenan! Mutterchen schien noch auf zu sein. Es klang, als ob sie etwas zusammenhängend erzählte. Ich fing das Wort „Blaues Buch" auf.

Blaues Buch …! Ah, das erheiternde kleine Heft, aus dem Großvater früher unterrichtet hatte, das ohne Zusammenhang Fragen und Antworten aus allen Lehrfächern enthielt!

Als hätte mir jemand eine helle Lampe ins Zimmer gestellt, so deutlich sah ich auf einmal uns alle im trauten Kreis zusammensitzen – ich zwischen den Eltern auf der

Ofenbank, die Schwestern auf kleinen Stühlen uns zu Füßen! Und Mutterchen erzählte …!

Während eines einzigen Herzschlages hatte ich es alles mit meinem geistigen Auge geschaut. Nun beugte ich mich vor, um besser zu hören.

Und da …! Herzerquickend, erlösend, wirklich – ach so w i r k l i c h, dass man's beinahe mit Händen fassen konnte – und dazu von einer Güte erfüllt, so groß wie die Welt, kam es auf geradem Wege aus der Seele meines Vaters heraus: ein Lachen. Sein altes, lange – lange nicht gehörtes Lachen! Kam wie ein lichter, heiterer Kahn mitten hineingeschwommen in die dunkeln Wasser, die mich umringten.

Ich fuhr mit beiden Händen an meine Stirn. Saß steil in meinem Bett. Der Nebel vor meinen Augen zerriss.

Und in den nächsten, fast atemlosen Minuten schuf Gott für ein gefoltertes Kind noch einmal die Welt. Aus einem Nichts, wie es seine Gewohnheit, schuf er sie ihm! Und begann nach seiner Weise mit dem Licht! Und schuf ihm Vater und Mutter und Schwestern! Und die stöhnende Großmutter Gillmann da neben mir und den bellenden Bergmann da draußen.

Ach Gott, und ich selbst war ja auch wieder da! Klein und schwach und voll so großer Liebe! Und hieß Friedel. Und war die T o c h t e r   d e s   K i a u l k e h m e r   L e h r e r s.

Und was hatte ich mir aus uns allen gemacht …!

Die Erkenntnis des Furchtbaren, das mich umklammert gehalten, packte mich. Im nächsten Augenblick stand ich in der Nebenstube, und am Herzen der Eltern schrie ich mir alle meine Not aus der Seele heraus. W e i n t e   n i c h t – s c h r i e ,   s c h r i e !

Denn Gott wollte nicht, dass aus dem dunkeln Tal, in dem ich gewandert, auch nur der Schatten eines Binsenhalmes in mein Leben hinübergleiten sollte.

Ach, d i e Stunde!

Gesundung

Ostern! Unsere Passionszeit, unser Karfreitag waren vorüber. Es war alles geworden, wie es mir damals als erste Frucht aus Vaters Religionsstunde zugefallen: „Das Traurigsein ist nur für ein Weilchen – danach kommt der Jubel!"

Allerdings, so ganz schnell hatte er diesmal nicht zu uns hingefunden, der Jubel. Ja auch heute redete er sehr viel leiser, als es früher bei uns seine Art gewesen, und was uns da drinnen bewegte, glich mehr einem Emporstrecken der Arme, einem heimlichen Niederknien. Und es war, als atmete man nicht gewöhnliche Luft ein, sondern etwas, das viel leichter und reiner.

Ach, gesund sein war wohl herrlich gewesen – aber gesund werden, das war unaussprechlich schön!

Auch äußere Dinge hatten dabei ein wenig mitgeholfen. Dass die grimmige Kälte nachließ, Großmutter Gillmann nun ganz und gar in die Putzstube hinüberziehen konnte und die Eltern wieder zu mir in die Wohnstube heimkamen! Dass dann allmählich da draußen das Nieseln anhub, die Schneeglöckchen aus der Erde stiegen und, wenn man vor die Tür ging, einen die Stare anredeten! Dass Hanna jetzt wieder zu Hause war und so luftige Sommerkleider für uns Schwestern nähte!

Das alles hatte uns auf ganz andere Gedanken gebracht.

Dazu ging es jetzt auch dem kleinen Otto besser, sodass er wieder alle Tage zur Schule kommen und wie früher auf der Fußbank neben seiner Großmutter sitzen und seinen Kopf an ihre Knie legen konnte.

Wie das der alten Frau half, war nicht zu beschreiben. Und womit sich die beiden dann unterhielten, würde wohl auch niemand erraten haben: Sie r e c h n e t e n zusammen! Otto war nämlich im Rechnen nahezu ein kleiner Künstler, und es gab für ihn nichts Schöneres, als im Kopf mit Millionen Fangball zu spielen. So bedeutete ihnen das Rechnen so viel als uns ein Spiel oder ein Liebkosen. Und wenn Vater dann gar noch einmal mittat und Ottchens Exempel auf einem Blatt Papier nachrechnete, lag auf ihren Gesichtern heller Sonnenschein.

An den Abenden hatten wir jetzt auch immer viel zu reden gehabt. Es war unserer Martha nämlich immerfort im Kopf herumgegangen, dass die jungen Mädchen in Amerika, wie Bruder Albert erzählt hatte, sich ihr Brot selbst zu verdienen suchten. Und eines Tages war sie zu den Eltern mit der Bitte gekommen, in Gumbinnen in ein Geschäft eintreten zu dürfen, weil sie gerade hierzu ganz unbändige Lust verspüre.

Mutterchen hatte erst rund „Nein" gesagt, weil das bei uns hier doch noch gar nicht üblich sei und weil es auch so „power"[39] aussehen würde. Wer gab denn eine Tochter, für die man doch selbst Brot besaß, fort in ein fremdes Haus? Aber Vater meinte, man solle es ruhig wagen, auch einmal mit etwas Neuem anzufangen, wenn es etwas Gutes und Verständiges sei, und scherzend hatte er Mutterchen damit getröstet, dass uns ganz sicher niemand für „power" einschätzen würde, der nur von Weitem mein neues Sommerkleid sähe.

Und Großchen hatte gemeint …! Und Hanna hatte gemeint …! Selbst ich war um meine Meinung gefragt worden.

Und da es doch eine sehr ernste Sache war, um die es sich handelte, hatten sie auch alle wieder einmal die Kehrseite von dem bisher Gesagten beleuchtet – nur Vater war bei seiner Ansicht geblieben – und so war uns die Zeit fortgeflogen, wir wussten nicht wie.

---

39 ärmlich (G. L.)

Zum Schluss aber hatte Mutterchen in ihrem großen Eifer also gesprochen: „Mein liebes Kind, ich hab ‚Ja' gesagt, ich hab auch ‚Nein' gesagt – mehr kann ich dabei nicht machen. Nun tu, was du willst!"

Und darüber hätten wir beinahe alle miteinander herzlich gelacht. Nur dass wir das Lachen immer noch nicht recht herausbekamen.

Und kurze Zeit darauf war Martha dann nach Gumbinnen übergesiedelt. –

Aber wem zu Ehren mochte unser Bergmann da draußen so ins Zeug gehen?

Es war der Briefträger.

„Na, Riemke, ein Briefchen?"

„Höcher ropp[40], Frau Lehrer – ein Paket!"

„Ein Paket? Und denk bloß, Friedel, von der Martha! Mein Gott, das gute Kind! Aber sie h a t ja doch eigentlich noch gar nichts zum Schicken!"

Wir waren beide ganz aufgeregt und konnten nicht schnell genug mit dem Bindfaden fertig werden. Und nun – ein Brief, ein Veilchensträußchen, ein paar Ostereier aus Zucker und aus Seife und eine ganze Anzahl stark abgegriffener Bände mit einem kleinen, gelben Schild auf dem Rücken, das eine Nummer trug. O die gute, gute Martha!

Aber dass sie uns jetzt Bücher schickt …? Jetzt …?

„Ich lauf bloß mal rasch zu Hanna, Mutterchen. Die muss das doch sehen. Weißt du nicht, wo sie steckt?"

„Sie gräbt die Gemüserücken um." –

Als ich nach einer halben Stunde wieder hereinkam, stand Mutter mitten in der Stube und las. Aber was hatte das zu bedeuten? Bewegte sich nicht das hellgraue gestrickte Tuch, das sie um ihre Schultern trug – bewegte sich das nicht? O Gott, l a c h t e Mutterchen etwa?

Mit einem Satz war ich an ihrer Seite und guckte ihr ins Gesicht. Und wahrhaftig, man konnte es nicht anders nennen, trotzdem doch kein Ton zu hören war und sie Tränen

---

40 *Höher rauf*

im Auge hatte – ja, Mutter lachte! Das Herz in ihr war's, das lachte!

„Ist es denn so was Feines, liebes Mutterchen?"

„Ja, mein Liebling, es scheint sehr, sehr was Feines zu sein. – Doch will ich erst noch genauer zusehen ... Geh nur, bitt das Großchen zum Kaffee herüber!"

Großmutter Gillmann war gerade beim Garnhaspeln und wollte erst noch gern die Spule leer machen, so dauerte es eine ganze Weile, bis wir zusammen in die Wohnstube kamen. Doch es war noch dasselbe Bild von vorhin. Immer noch stand Mutter mitten im Zimmer und las. Nur dass Hanna sich jetzt noch an ihre Schulter gelehnt hatte und mit ihr gemeinsam in das Wunderbuch versunken schien.

Und das Lachen war auch noch immer da. Bloß anders jetzt – ganz anders! Zweistimmig, laut und lustig. Und es klang mir, als ob es: „Friedel, so komm doch!" riefe. Und ich kam und lachte mit, noch ohne ein Wort gelesen zu haben.

„Aber Frau Lehrer, der Kaffee wird kalt werden", meinte Großmutter Gillmann endlich, die wohl nicht recht wusste, was sie von uns allen denken sollte. Mutter und Hanna hörten nicht. Sie hörten auch nicht, als sie einen Augenblick später freundlich hinzufügte: „Na, aber kalter Kaffee soll ja wohl schön machen!" Was war sie jetzt bloß immer gut zu uns, die Großmutter!

Da wollte ich sie durch mein Gekicher nicht kränken, nahm meine Stimme sozusagen in beide Hände, sodass sie wieder s p r a c h , und meinte zutraulich: „Das muss doch ein merkwürdiges Buch sein, Großchen – nicht wahr? Nun bin ich bloß neugierig, was Vaterchen noch erst dazu sagen wird!"

Sie nickte. Und ein ganz dünner Schein von Heiterkeit legte sich über ihr Gesicht, als Vater wie hergerufen die Tür aufmachte.

Ich war schon an seiner Seite. „Bücher, Bücher, Vaterchen! Von der Martha! Und es soll was sehr Feines sein!"

„Na, das ist ja schön! Und sieh an, von der Martha! Aber erst gib mir mal ihren Brief her und gieß mir ein Töpfchen Kaffee ein."

Er setzte sich. Mutterchen und Hanna ließen sich nicht stören. Sie sagten bloß: „Gleich, Vaterchen!" und: „Trink nur, Vaterchen!", und lasen weiter.

„I, das muss ja ganz was Apartes sein!", meinte Vater jetzt belustigt, denn eben ging das Lachen da drüben wieder los. „Reich mir doch auch mal so'n Ding rüber!"

Ich tat's und ließ nun kein Auge von ihm. Doch sah das nicht in seinem lieben Gesicht wie eine Enttäuschung aus? Und nicht ein bisschen fröhlich klang's, als er sagte: „Ja, Kinderchen, wer kann das aber lesen? Das ist ja ein wunderliches Deutsch!"

Aber gar bald erschienen alle fröhlichen Geister, die in ihm wohnten, auf seinem Gesicht und begannen ihm um Augen und Mund, auf Stirn und Wangen zu tanzen. Und wie sie nun auf einmal wie vor etwas Ernstem und Hohem ein wenig beiseitetraten – und nun über allem solch ein stilles, tiefes Leuchten lag!

Nein, da war nichts dagegen zu machen – jetzt musste ich ihm einfach um den Hals fallen und ihm einen Kuss geben!

Und als ich das tat und wie immer ein bisschen ungeschickt war, blätterte das Buch in Vaters Hand auf und ich las: „Gesammelte Werke von Fritz Reuter!"

O lieber Fritz Reuter, hättest du doch die Abendstunde erlebt, die dieser unserer ersten wundervollen Begegnung folgte! Wie die Eltern miteinander in einen lustigen Streit gerieten, als Mutter verlangte, es sollte mit ihrem, und Vater, es sollte mit seinem Bande begonnen werden!

Und dann führtest du die dreijährigen Druwäppel, Lining und Minning, zu uns herein – und Lining, „was de Verstännigste von de beiden, wil se en halw Stund öller was als Minning", ihre Zwillingsschwester. Und sie hatten Großmutters „Huw" und Großvaters „Prück" auf.

O der Jubel in unserer Stube!

Wie wir uns untereinander zunickten, am Ärmel zupften, heimlich mit dem Fuß anstießen, damit dem andern ja nur kein Ton deines Humorglöckchens, kein goldenes Samenkorn deiner Weisheit verloren ginge!

Wie Hannas Seele aus ihrem verträumten Abseitsstehen mit sicherm Schritt auf Lowise Havermann und die lütte Fru Pastern zuging und Bräsig und Triddelfitzen so hold und schelmisch grüßte!

Wie unser Mutterchen, die sich sonst bei den kleinen Unannehmlichkeiten des Tages ganz gern ein bisschen aufhielt, sich jetzt eine fortschiebende Handbewegung angewöhnte: „Dat is so, as dat is!" Und: „Wat sall einer dorbei dauhn?"

Und Großmutter Gillmann! War das Täuschung, oder hatte sie wirklich den schweren Lastkarren ihrer Sorgen und ihres Leides stillschweigend im Schatten stehen lassen und sich für ein Weilchen auf einen Baumstumpf in die Sonne gesetzt? Und wie ein kleines Lächeln auf ihrem Gesicht aufblühte, wenn etwa „bi Sparlings Kindelbier" war oder wenn Köster Suhr den Bauerssöhnen Korl und Fritz Lebens- und Reiseregeln erteilte! Ja, die lustigen Reime in der „Reis' nah Belligen" hatten es ihr einmal so angetan, dass sie selber ins Dichten verfiel. Sie schenkte mir einen blanken Taler und hatte auf das Papier, in das sie ihn gewickelt, geschrieben:

„Hier schenk eck die e stöckske Göld.
Dat hol du sehr in Ehre!
On wenn du noch wat tertolegge warscht,
Denn wart et sick vermehre!" –

Und ich, lieber Fritz Reuter, und ich! Wohl war schon wieder alles hell und heil in mir gewesen, da du zu uns kamst, aber dass ich zu meinem stillseligen Emporstrecken der Arme auch noch mein richtiges Kinderjauchzen wiederfand, das war dein Werk!

Und so war es kein Wunder, dass die Eltern bei deiner Abreise in die Gumbinner Leihbibliothek es sich in die Hand versprachen, falls die Ernte in diesem Jahre gut sei, wollten sie dich im Herbst mit allen Ehren aus der Buchhandlung zu uns heimholen, als unsern ständigen lieben Hausfreund.

Und das ist auch geschehen.

Johannisabend

Und wieder stand ein großer Schmerz mitten unter uns und füllte unser ganzes Haus mit Schluchzen. Mein Bruder in Danzig hatte seine geliebte junge Frau verloren.

Vor zwei Jahren – bald nach Alberts Abreise – waren sie vom Traualtar zu uns gekommen, Luise noch mit dem Myrtenduft im blonden Haar. Wie fein und vornehm war sie mir erschienen! Und auch die Eltern fanden, dass sie etwas Ruhevolles, Geweihtes an sich hätte. Und diese lieben Augen, und diese liebe Stimme!

Vor einem Jahr dann der Jubelruf: „Ein kleiner Siegfried!" und vor acht Tagen: „Eine süße, kleine Elisabeth!"

Und nun – ach, und nun …! – Am Abend saßen wir traurig beieinander, um zwölf Uhr mussten Vater und Hanna zur Bahn. „Nicht trösten will ich ihn", hatte Vater gesagt, „nur den Arm ausstrecken, wenn er fallen will! Oh, der arme, arme Junge!"

Jetzt hielt er meine Hand in der seinen. „Ach, Vaterchen", weinte ich, „sie war noch so jung!"

„Wir reisen zu verschiedener Zeit, wir Menschenkinder!"

Mutterchen und Hanna ordneten noch an dem Gepäck. „Ach, mein liebes Kind, ich bin in solcher Seelenangst, dass du's mit deiner zarten Gesundheit nicht zwingen wirst, und man kann da auch so leicht etwas versehen …!"

Doch in Hannas Augen kam ein Sternenglanz. „Ich zwing's, Mutterchen, ich zwing's! Und verlass dich darauf: Ich werde nichts versehen!"

So kam unsere Hanna zu den mutterlosen Kindern ihres Bruders – zu ihrer Lebensarbeit!

Es war still in unserm Hause geworden. Die Schwestern fort, die Eltern voll Trauer über den erlittenen Verlust, in Sorge um den Sohn, um Hanna, um die Kleinen. Und auch um Großmutter Gillmanns Spinnecke stand jetzt wieder ein haushoher Jammer: Ottchen konnte nun überhaupt nicht mehr zur Schule kommen, ein schweres Lungenleiden band sein armes, ungestaltes Körperchen an Bett und Lehnstuhl. „Großchen", hatte ich da einmal verzagt zu ihr gemeint, „nun werden Sie gewiss wieder nicht mehr mit uns sprechen! Und ich bin Ihnen doch a u c h so gut!" Aber sie hatte sich abgewandt: „Ich hab da drin in der Brust ein Messer, Kind! Das schneidet, wenn ich sprech!" Und traurig war ich davongegangen

Um mir einige Zerstreuung zu verschaffen, schickte Mutter mich zu den Dorfkindern

„Ach, Mutterchen, wie jetzt Martens Lieschen weggezogen und Pillkuhns Berta eingesegnet ist …! Wise sagt immer dasselbe!"

„So? Na, da nimm dich nur recht zusammen, damit du was anderes zu sagen weißt!"

Ich nahm mein Vesperbrot und lief zu Wise hinüber. Aber nach einer halben Stunde war ich schon wieder da. Als ich hochdeutsch zu sprechen angefangen, hatte sie ängstlich gemeint, ich wäre jetzt wohl „stolz" geworden, und als ich dann wieder plattdeutsch sprach und bloß mal ein Reuter'sches Wort dazwischen sagte, hatte sie gutmütig gelacht und gemeint, ich sollte mich doch nicht so verstellen. Dazu aber waren von der Bartschwiese herüber auch noch die Töne einer Harmonika gekommen, langgezogen, sehnsüchtig. Und da – nun da hatte ich's plötzlich nicht mehr ausgehalten.

Ach, jetzt am liebsten laufen – laufen …!

Es war in der Zeit, als der Doktor in Gumbinnen mir einen Geradehalter verordnet und so ziemlich jede körperliche Arbeit verboten hatte – bloß weil ich im Mai während der großen Dürre für unsern lieben Garten ein bisschen zu viel Wasser herangeschleppt hatte.

Aber nun nach dem stillen, tagelangen Regen war die Welt in ein großes Wachsen und Blühen geraten, und etwas davon war auch in meine Seele hineingekommen. Alles wuchs und blühte mir da drinnen durcheinander wie in einer Wildnis von feinem, grünen Gerank – kein Mensch weiß, wo es anfängt und aufhört! Und über allem war eine hohe, weite, weite Bläue. Oh, es wäre sehr schön und lustig gewesen, wenn ich nur eine rechte Freundin gehabt hätte. Gewiss, Wise war ja sehr gut, aber …!

Da kam auf dem grünen Weg von Kollatischken her ein junges Mädchen gegangen, im hellen Sommerkleid und mit dem Strohhut am Arm. Unsere Base Lina war's, die jüngste Tochter von Onkel Fritz, der das wundervolle Blumenbild über seinem Bett hängen hatte. Sie war mehrere Jahre bei ihrer verheirateten Schwester in Memel gewesen und mir in der Zeit ganz fremd geworden. Wie schade, dass Martha jetzt nicht zu Hause war! Die beiden hatten ja früher ewig zusammengesteckt.

Oh – aber was war sie hübsch geworden, die Lina! Und ihr leichtes Gehen, das mir stets wie ein halbes Fliegen ausgesehen, das hatte sie richtig auch noch immer an sich. Wird sie nicht gleich wieder wie früher dort auf den Stangenzaun bei Tulewits oder auf den Holzrand unseres tiefen Brunnens springen und darauf hinlaufen wie ein Vogel? Was hatte sie mich damit nur geängstigt – mir wurde bei dem bloßen Gedanken daran schon wieder ganz schwindelig.

Doch wie sie jetzt Mutterchen am Halse lag, verging mir die Sorge darüber, und ich stand am Fenster und sah sie immerzu an.

Später, als die Eltern draußen beschäftigt waren, ließ Lina sich sogar mit mir in ein Gespräch ein. Sie erzählte mir allerlei aus Memel, unter anderm auch, dass sie mehrmals im Theater gewesen sei. Zuletzt hatte sie „Maria Stuart" von einer Königsberger Gesellschaft gesehen und gleich im

Anfang, als der grimme Lord Leicester mit dem Urteil erschienen sei …

„Burleigh", sagte ich schüchtern.

„Leicester!", behauptete Lina.

Ich holte den Schiller vom Regal und als wir nachgeschlagen, meinte sie: „Nun schau einer an! Weißt du, in meinen Gedanken warst du noch immer zehn Jahre alt!"

Ich fing nur das letzte Wort auf, das ja wirklich eine große Kränkung für mich enthielt. Zehn Jahre! Vierzehn bin ich und fange im Herbst an, zum Konfirmandenunterricht zu gehen. Helle Tränen traten mir in die Augen.

Doch da hielt Lina mich auch schon umschlungen. „Ach, s o ist dir zumut, Friedel? Na, weißt du, da wollen wir denn doch recht zusammenhalten. Sieh mal – ich …! Ohne Mutter! Und nachdem nun auch Mariechen verheiratet ist …! Findest du nicht, dass die Welt manchmal so sehr g r o ß ist, Friedel?"

„Viel zu groß", sagte ich leise. „Und wenn dann noch von irgendwo die Töne einer Harmonika kommen …"

Sie nickte. „Ja – von den weiten Wiesen her! – Aber nun wollen wir sehr lustig zusammen sein! Ich bin für mein Leben gern lustig!"

Doch ich wagte es noch nicht, an etwas so Großes zu glauben. „Ach", meinte ich beklommen, „morgen bist du vielleicht wieder ganz anders und läufst wie früher auf unserm Brunnenrand herum!"

Sie lachte so hell auf, dass unsere ganze Stube wie von einem Singen und Klingen erfüllt war. „Nein, Friedel, das tu ich jetzt nicht mehr. Na, und mal auf irgendeinen Zaun – das wirst du doch wohl aushalten, nicht wahr?"

Mich überkam es wie selige, opfermutige Begeisterung. „Zaun? Aber natürlich, Lina – aber natürlich!" –

Und nun hatte die Welt für mich plötzlich ein ganz anderes Gesicht bekommen. Wenn's mich jetzt packte, mit ausgebreiteten Armen zu laufen, zu laufen …, so wusste ich: wohin! Immer den gleichen grünen Weg nach Kollatischken, an dem sich die vielen bunten Blumen aufgestellt hatten und im Korn die Grillen aufspielten.

Und dann, sobald Lina nur irgend mit ihrer Arbeit fertig war, die ihr ja flink genug von der Hand ging, miteinander hinein in die Felder oder in die Kleinartis![41]

Heut aber war ein Feiertag von Rechts wegen – J o h a n - n i s a b e n d. Hanna und Martha hatten mich bisher dazu noch niemals mitgenommen. Doch es musste wohl etwas sehr Feines darum sein, weil Lina mir Sonntag ausdrück- lich gesagt: „Und putz dich man schön aus!" Das hatte ich denn auch getan. Aber als ich sie jetzt ansah, fand ich, dass ich ganz umsonst den eingelegten Saum an meinem blauen Kattunkleid aufgetrennt hatte, um größer zu erscheinen – neben ihr war nicht aufzukommen.

Ach, und das machte mich so stolz, dass ich eine so feine Freundin hatte, neben der gar nicht aufzukommen war!

In der Kleinartis war vorläufig noch nichts besonders Feierliches zu entdecken. Wir streiften hin und her und sprachen mit lauter Stimme wie an gewöhnlichen Tagen. Aber schon als wir auf die Höhe kamen, wo die ganz hohen Kiefern stehen und das Gesträuch völlig verschwunden ist, wurde mir seltsam zumut. Ein wundervoll kühlender Wind, der hier zu wohnen schien, verneigte sich vor uns, und wir legten uns lang auf den grünen Waldboden und guckten in die grünen Äste hinauf. Oh, dies feine Wiegen und Biegen da oben, hin – her, hin – her! Vornehm sah es aus.

Plötzlich flog Lina in die Höhe, so, als hätte der Wind sie unter die schlanken Arme genommen und emporgehoben. Und nun ging's los! Ein Biegen – Wiegen ihrer ganzen Ge- stalt, hin – her, hin – her!

„Nicht ganz so tief, Lina", rief ich ihr leise zu. „Und dann musst du dir das Haar aufmachen. Das steht in allen Büchern – wenn sie nach was aussehen wollen, machen sie das Haar auf!"

Mit einer einzigen Bewegung griff Lina in ihren Haar- knoten und warf mir in weitem Bogen ein paar Nadeln in den Schoß. Goldschimmernd wie Laub im Herbst fiel's ihr

---

41 Kollatischker Wald

längs des Rückens hinunter. „Oh – es kann ruhig so tief sein", meinte sie dabei, „Birkenfräulein sind ja doch viel biegsamer als die steifen Kiefernherren da ringsum!"

Und wieder kam der Wind herzugeflogen, und als er das goldene Haar auf ihrem weißen Kleide sah, gab's einen langen Tanz zwischen den beiden. Er wollte Lina gar nicht mehr loslassen.

Endlich ruhte sie doch wieder an meiner Seite.

„Lina", bat ich, „wollen wir uns jetzt nicht Kränze von dem Immergrün da flechten? Sieh, die Blätter sehen so fein aus wie Myrten!"

Sie wurde dunkelrot und schüttelte den Kopf. „Nicht doch! Wenn die Sonne untergeht, flechten wir uns ja welche aus neunerlei Kräutern!"

„Ach so! Weißt du, wovon ich in dieser Nacht gern träumen möchte? Von F r e u n d s c h a f t, Lina!"

Sie fuhr mir mit dem Farnzweig, mit dem sie sich Luft zufächelte, liebkosend übers Haar. „Ja, das ist sehr, sehr was Gutes! Aber weißt du, ich will mir in diesem Jahr kein Traumkränzlein unters Kissen legen, sondern ein Fragekränzlein in die Angerapplinde werfen. Zweierlei zu machen, erscheint mir so unbescheiden!"

„Ein Fragekränzlein, Lina? Willst du denn etwas so furchtbar gern wissen?"

Sie seufzte: „Ja, so furchtbar gern! Und wenn du's keinem Menschen weitersagen willst …! W i e v i e l J a h r' e s n o c h d a u e r n w i r d, bis – ! Das möcht ich um mein Leben gern wissen, Friedel!"

„Natürlich", sagte ich voll heißem Stolz über ihr Vertrauen. „Aber Linachen, wie machtest du's denn, dass du's überhaupt weißt, o b d u …?"

„Ach, das war schwer genug in Memel. Aber schließlich im Garten ganz spät, als der Mond schien, da ging's doch. Eine Kohlpflanze mitten durch's Herz einer Wrukenpflanze gesetzt – m i t t e n d u r c h, Friedel! Ich hatte vorher einen herzhaften Schnitt hinein getan. Und als sie nachher in eins zusammenwuchsen – alle Tage ging ich nachsehen –, da wusste ich's!"

„Wachsen sie denn nicht immer zusammen, Lina?"

„O nein, Friedel! Nicht immer! Manche sterben daran!"

„Die Pflanze, die den Schnitt bekam?"

„Ja, und auch das Mädchen, dem das Herz gebrochen ist!"

Mir kamen die Tränen. „Wenn du so was Schreckliches sagst, glaub ich nicht an den ganzen Johanniszauber. Das ist ja alles Unsinn und …"

Doch Lina hielt mir den Mund zu. „Aber so schrei doch nicht so, Friedel! Der ganze Wald ist ja heute voll horchender Ohren! Und du musst, du m u s s t daran glauben! Wenigstens für heute. Sieh, ich will ja doch so lebensgern wissen, wie lange es noch dauern wird!"

Da tat sie mir leid, weil ihr das Gesicht so glühte, und ich sagte: „Na gut, denn g l a u b ich eben für heute dran!" –

Ein wenig später standen wir auf und liefen den Abhang hinunter, der Angerappwiese zu. Noch ein paar Haselnusszweige schlugen uns ins Gesicht – und da auf einmal lag sie vor uns.

„O Lina, Lina!" Und nun ist es bei mir kein Glauben mehr aus Mitleid mit der Freundin! Das ist überhaupt kein G l a u b e n mehr, das ist ein jauchzendes E r l e b e n der Blütenfreude ringsum. Aus all den tausend Kelchen rings steigt der geheimnisvolle Zauber – steigt bis zu meinen klopfenden Schläfen, den trunkenen Augen empor, dass ich nichts mehr zu fühlen, zu denken weiß, als dies Blühen – Blühen!

Die Wiese da, ein feines, lichtes Mädchen ist's, dem seine Mutter Angerapp ein schimmerndes Hochzeitskleid gewoben. Rosa ist es in seinem Grunde. Die Wiesennelken haben es von der Mutter abgebettelt – rosa wie das erste Morgenlicht soll es das holde Kind umhüllen. Und dann sind die schlanken, vornehmen Gräser gekommen und haben darüber den feinen, goldbraunen Schleier gebreitet. Der bewegt sich im Winde leise, ganz leise. Wird es nicht fortfliegen, das leichte Florgewebe? Nicht doch, der Hahnenfuß hält es ja mit seinen güldenen Gewinden, mit Spangen und Geschmeide fest.

Oh, und der Saum des bräutlichen Gewandes! Himmel-
blau leuchtet er wie die rauschende Schleppe der Mutter
selber. Tausend Vergissmeinnicht haben ihn aus Wasser-
perlen und Sonnenschein gestickt.

Und das kleine Ehrenpreis hat gemeint, einen schönern
Strauß an die Brust gibt es selbst nicht für ein Königskind
als seine stille, blaue Treue. Da hat ihn die Jungfrau lächelnd in ihren Gürtel gesteckt.

Und nun steht sie da in ihrer jungen Herrlichkeit, die
schüchterne, bräutliche Wiese.

Und die weißen, träumerischen Maßliebchen flüstern es
ihr immer wieder zu: „Er liebt dich, der Sommer, von Herzen, mit Schmerzen, über alle Maßen; kann gar nicht von
dir lassen …!"

Von der Domäne Kampischkehmen da drüben kommt
ein klapperndes Geräusch herüber. Lina und ich fahren aus
unsern Träumen empor – das bedeutet Feierabend für die
Gutsarbeiter.

Schon Feierabend? Ja, die Sonne ist am Untergehn. Und
wir haben es kaum bemerkt.

Feierlich bückt Lina sich nieder. „Es ist jetzt Zeit,
Friedel! Und du weißt doch: Neunerlei! Und nicht sprechen!"

„Neunerlei! Und nicht sprechen!", sage ich ebenso leise.

Glutrot geht die Sonne zur Rüste. Ein unendlich feierliches Licht breitet sich über die Wiese, lässt die Stämme
der Kiefern dort am Waldesrand aufleuchten. Die Nachtigallen in den Uferweiden schlagen voll schmelzender
Süße.

Und mitten im Meer der rosenroten Wiesennelken sit-
zend, winde ich mit ungeschickten Händen mein erstes Johanniskränzlein. Ach, dass ich's heut Abend nur ja richtig
mache! Also an einem Faden rückwärts durchs Fenster
ziehen – ja nicht durch die Tür über die Schwelle – und
dann ganz heimlich unters Kopfkissen legen! Was ich dann
träume – das geht in Erfüllung.

Und nun ist auch Lina mit ihrem Kränzlein fertig, dem
Fragekränzlein „Wie-lange-noch".

Schlank und weiß steht sie dort unter der uralten Linde – schaut hinauf, wendet ihr den Rücken zu – hebt den Arm …

Mir bleibt beinahe das Herz stehen. Jetzt …! In hohem Bogen fliegt ihr Kranz. Fliegt – und fällt. Oh, wievielmal wird sie ihn werfen müssen? Jeder Wurf bedeutet ein Jahr!

Aber nein doch, er ist ja gar nicht zur Erde gekommen. Und wenn mich mein Auge nicht täuscht – mit beiden Händen halte ich mir den Mund zu, um nicht zu rufen, zu jauchzen: Hoch oben in der Lindenkrone hängt Linas Kranz und all die tausend Blätter in ihr rauschen: „Noch in diesem Jahr! Noch in diesem Jahr!"

Auch die Nachtigallen haben den Ton aufgefangen und singen's mit. Und auch der Abendwind und die Wellen der Angerapp.

Nur die weißen Maßliebchen sagen es ganz leise vor sich hin: „Er liebt dich von Herzen – mit Schmerzen – über alle Maßen – kann gar nicht von dir lassen!"

Wenige Wochen später trug Lina ein glattes, schmales Goldringlein am Finger.

Ob ich etwas mit meinem Kränzlein versehen? Keinen Traum von treuer Freundschaft hat's mir zur Nacht in die Seele gezaubert. Doch hat das Leben auch ohne dies meinem heißen Sehnen danach schönste Erfüllung gebracht.

Die Vettern

Wenige Tage darauf begannen die städtischen Sommerferien, und mit ihnen winkte uns eine große Freude. Mutterchen hatte in Berlin einen Bruder wohnen, den mir in späteren Jahren so teuren Onkel Adolf, der seine vierzig Dienstjahre in der Großstadt in gewissem Sinne nur als eine Vorbereitung zu seinem eigentlichen Leben, nämlich dem in der Heimat, ansah.

Als er sie mit Hingebung all seiner Kräfte des Leibes und der Seele ritterlich bezwungen, ließ er Großstadt, Ehren und Würden hinter sich. Denn nun kam's: Ein eigen Haus, ein eigener Garten daheim in Ostpreußen! Und wenn es dann einmal so weit sein würde: ein grüner Hügel, über den dieselben Glockentöne hinzögen, die das Kind einst zur Kirche gerufen! Und die Angerapp müsste da mit hineinreden. Denn das weiß jeder Mensch, dass die Angerapp der Fluss ist, hinter dem nach dunkler Nacht die Sonne wieder aufsteht. –

Dieser Onkel hatte zwei Söhne. Oh, wie herrlich, dass Onkel zwei Jungen hatte! Sie waren als kleine Kinder nach dem Tode ihrer ersten Mutter drei Jahre lang bei uns in Pflege gewesen. Zum letzten Male hatte ich sie dann gesehen, als wir die hübsche Wohnung in „Julitzens Haus", die mit dem Gras in der Zimmerecke, innegehabt. Und nun sollten sie zu ihrer Großmutter mütterlicherseits nach Nemmersdorf kommen und von da aus alle Tage zu uns. Alle Tage zu uns! Im Ganzen neunundzwanzigmal! Juchhei!

„Wie werden sie bloß aussehen, Mutterchen?"

„Na, hübsch werden sie aussehen! Ihre Eltern waren einmal das hübscheste Paar, das ich jemals gesehen hab!"

„Ich will ihnen aber auch sehr gut sein, Mutterchen!"

„Das tu du man – sie sind ja beinah deine Brüder!" –

Aber als sie den Steinerberg herunterkamen, durchfuhr mich ein großer Schreck. „Sie sind ja so groooß, Vaterchen! Sie sehen beinahe aus wie Herren."

„Das ist nur äußerlich", beruhigte mich Vater. „Verlass dich drauf: Es sind Jungens! Komm, wir wollen ihnen entgegengehen!"

Die erste Stunde, die wir miteinander verlebten, war einfach gräulich. Ja, wenn sie nicht so kerzengerade dagesessen hätten! Die Eltern waren auch nicht gewandt genug, um so rasch zu ihnen eine Brücke zu finden. Auf Zehenspitzen schlich ein mühseliges Gespräch durch unsre Putzstube. „Wie geht's denn jetzt dem Vater, Ernst?"

„Danke sehr, Tante, Vater hat tüchtig im Dienst zu tun!" Ernsts Fingerspitzen beschäftigten sich so eifrig mit seiner Oberlippe, als wollten sie ihr Gärtnerdienste tun. Auf dass es sprieße!

„Auf welcher Klasse sitzest du denn jetzt?"

„Unterprima, Onkel!"

„Und du, Max?"

„Auf Untersekunda, Onkel!"

„Leidet denn die Mutter noch immer so an Kopfschmerzen, Max?"

„Leider ja, liebe Tante!"

Ich sah unterdessen starr vor mich hin. Neunundzwanzigmal …! Wie kann ein Wort nur so verschiedene Melodien haben!

Später machten uns die Eltern den Vorschlag, wir sollten ein wenig in den Garten gehen. „Friedel, zeig doch mal den Vettern den Bleichplatz, auf dem sie als kleine Burschen Purzelbäume geschlagen!"

Wir standen gehorsam auf. An der Tür traten die beiden höflich vor mir zurück und sagten: „Bitte sehr!"

Da ließ ich mich aber auch nicht lumpen und sagte: „Nein, bitte sehr! Ich bin ja doch hier zu Hause!"

Im Garten kam den Vettern die Erleuchtung, mich in die Mitte zu nehmen und sich von mir all die Blumen vorstellen zu lassen, die auf den schmalen Rabatten zu Seiten des Mittelganges blühten. Dann folgte eine Pause, mehrere Meter lang. Sie reichte bis an mein Erdbeerbeet.

Ich hatte schon seit drei Tagen keine Beeren mehr gepflückt, damit nur die lieben, goldenen Jungens recht viele davon vorfänden. In purpurroter Menge lachten sie uns entgegen. „Vielleicht wär's euch gefällig!"

Hochherzig folgten sie meiner Einladung, und das Schweigen zwischen uns trug jetzt einen natürlichen Charakter.

Auf einmal kauerte Max an meiner Seite nieder. „Schau mal, die dort ist fast so groß wie ein kleiner Apfel!" Dabei stützte er den Ellbogen etwas unsanft auf meine Schulter.

Ich sah ihn verblüfft an, und der gute Geist unseres Dorfes raunte mir eine kleine Höflichkeitsphrase zu, von der ich bis dahin wirklich noch nie Gebrauch gemacht hatte. Ich tat meinen Mund auf und sagte, ohne auch nur anzustoßen: „Das hab ich in dieser Nacht nicht geträumt, dass ich einen Esel werd tragen müssen!"

Ein schallendes Gelächter, übermütig, bubenhaft, antwortete mir. Und Ernst stülpte mir sofort seinen steifen Filzhut über den Kopf, dass es nur so knallte. „Famos!" Max aber rief so laut, dass die Eltern es im Zimmer gehört hatten: „Wir wollen doch mal um die Wette laufen! Ziel: der Ellerngraben!"

„Nein, Max, die ‚Grenze' ist zu schmal für uns drei, und zu beiden Seiten stehen Rüben. Ziel: der Dorfteich!" Als wir dann längs der Dorfstraße dahinrannten, sagte Meister Tuleweit, der am Wege hütete: „Aber haben die Jungens mal lange Beine!" J u n g e n s , sagte er. –

Und das waren sie auch wirklich, liebe, treuherzige Jungen – Füllen, die aus enger Einfriedung plötzlich auf eine weite, grüne Wiese kommen. Wenn sie so forsch fortlaufen, kommen sie noch vor Kleinmittag bis ans Ende der Welt!

Und wie ich mitlief! O wie schön war doch die Freiheit dieser goldenen Sommertage! Wir hatten die Vorstellung, als müssten wir in ihnen so viel an Spiel und Lachen vor uns bringen, als nur möglich. Und unsere Bälle und Reifen flogen so hoch durch die Luft wie Linas Johanniskränzlein, nur dass sie nichts zu f r a g e n hatten und keinen andern Zweck suchten, als leicht und geschickt vom andern aufgefangen zu werden. Und dabei gab's dann ein Lachen und Streiten und Jubeln zwischen uns, dass der ganze Hof davon erfüllt war und Bergmann aus allen seinen Kräften mittat.

Und wie wir Vater auf dem Felde helfen! Ernst und Max stellen die Garben zu Hocken aneinander – die Kornernte ist in diesem Jahr früher als gewöhnlich –, ich nehme mit der Harke die übrig gebliebenen Ähren zusammen. Oh, es ist eine Lust!

Und dann winden wir heimlich eine Krone, und als alles in die Scheune eingebracht, überreichen wir sie als Schnitter und Schnitterinnen verkleidet – Lina ist natürlich auch dabei – den Eltern. Dabei sagen wir ihnen selbst gemachte Gedichte auf. Das von Ernst hat entsetzlich lange Zeilen und es klingt, als ob die Worte in ihnen immer hinauf und herunter kletterten.

Und dann geht's zum Tanz. Rechtsum und linksum! Wir können beides! Und unser „Juchhei" klingt so laut durch die Stube, dass es Mutterchen peinlich ist: „Kinderchen, Kinderchen, denkt doch an die Großmutter Gillmann!" –

Allerdings, zu manchen Stunden wurden wir uns dann auch wieder eines gewissen Ernstes bewusst. Dann saßen wir auf irgendeinem blumigen Feldrain oder auch wohl auf unserem kleinen, verwachsenen Kirchhof, wo die vielen wilden Rosen wucherten, und sprachen über dies und das. Max und mir kam es dabei nicht gar so sehr auf die Wirklichkeit an. Was wir sagten, musste ein bisschen was K l i n - g e n d e s an sich haben. Wir borgten uns von allen Dichtern, die wir kannten, ein ganzes kleines Vermögen zusammen und damit wirtschafteten wir nach Herzenslust. Es war wundervoll!

Ernst dagegen war mehr für eigene Wege und hatte so etwas Gründliches an sich. Wenn er das Wort nahm, blickte man sofort in allerlei Werkstätten und sah die Menschen sich im Alltagskittel mühen an einem tausendgliedrigen Etwas, das er „Kultur" nannte. Ich hatte bei seinen Worten stets das Gefühl: Hier kannst du etwas lernen! Aber darum war mir gar nicht immer zu tun! Eine besondere Vorliebe hatte Ernst für Meister Gutenberg in Mainz. Und wenn wir erst in dessen Werkstatt eingekehrt waren, so gab es für uns nur eine einzige Tür, durch die wir uns wieder in den blauen Sommertag unter die blühenden wilden Rosen zurückflüchten konnten: Wir mussten ihn bitten, uns etwas vorzulesen.

Dann griff er mit einer eigentümlich geradlinigen Handbewegung in die Brusttasche, und auf dem kleinen Büchlein, das er herauszog, stand: Eichendorff! Worauf Max und ich sofort die Augen schlossen, weil wir so besser sahen! Als ich aber doch einmal aufschaute, bemerkte ich, dass auch Ernst, der an einem Fliederstrauch lehnte, die Augenlider geschlossen hielt und a u s w e n d i g v o r l a s ! –

Wenn Lina dabei war, was oft geschah, dann ergab sich die Einteilung zwischen uns von selbst: Ernst und Lina – Max und ich!

„Was willst du eigentlich werden, Max?", fragte ich diesen einmal.

„Pastor natürlich!"

„Solch Ernstes?"

„Ja – und du, Friedel?"

„Ich werde eine barmherzige Schwester!"

„Solch Trauriges?"

Darauf malten wir uns aus, wie wir in unserer künftigen Tracht dahinschreiten wollten, würdevoll und gelassen. „Da müssen wir aber sehr auf uns halten, Max!"

Er nickte. Uns war ganz feierlich zumute. Dann verschränkten wir unsere Arme wie beim Schlittschuhlaufen und liefen im Kiebitzgang den Kleinartisberg hinunter. –

Einmal waren wir mit mehreren Verwandten in Laugallen bei einer Tante von Ernst und Max gewesen. Ein vierspänniger Leiterwagen mit Birkenästen geschmückt! Auf jedem der Quersitze vier Personen! Lina erzählte, auf irgendeiner Fahrt hätten einmal ihrer fünf in einer Reihe gesessen. Nein: Vier, das war das Richtige.

„Ich hatt' einen Kameraden", setzte Vater, der hinter uns saß, plötzlich mit seiner warmen Stimme ein. Und sogleich versicherte unser ganzer Chor gläubig, dass ein besserer auf Erden nit zu finden gewesen. Dann, ins Singen einmal hineingekommen, sahen wir ein Röslein stehn – „Röslein auf der Heiden" – , lobten den Meister, der den Wald da droben so hoch und herrlich aufgebaut, standen am Brunnen vor dem Tore und sahen uns von flinken Mühlenrädern das Wandern ab.

Oh, wie das klang! Die alten Weiden am Weg horchten auf, in manchem Hause, an dem wir vorbeifuhren, wurde ein Fenster geöffnet. In Mixeln begegnete uns eine Schar von jungen Mädchen und Burschen, die aus dem Walde heimkamen. Sie sangen gerade:

> „Ach, wie bin ich so verlassen
> In der Welt von jedermann!
> Freund' und Feinde tun mich hassen,
> Niemand nimmt sich meiner an!"

Aber als sie unsere Lieder hörten, stimmten sie sofort mit ein, „dass die Kette klang" – es war, als wenn wir sie damit zu uns herangezogen hätten. Zu beiden Seiten unseres Wagens schritten sie nun dahin. Onkel Fritz, der dem Knecht die Leine abgenommen hatte, fuhr ganz langsam, Schritt für Schritt. Und wieder war's Vater, der glockenhell anstimmte: „Ännchen von Tharau ist's, die mir gefällt! Sie ist mein Leben, mein Gut und mein Geld!"

Die Sterne da droben blinkten vor Freude über Ännchen und über unser Singen.

Dann, als die Schar zurückblieb, noch ein Zurufen und Tücherschwenken wie zwischen Freunden.

Wir aber fuhren jetzt im Trabe weiter durch die Sommernacht. „Wie bist du doch so schön, o du weite, weite Welt!" Und wir sangen es noch einmal und immer wieder – immer mit der Betonung auf „bist" – bis vor unser Hoftor. –

Der neunundzwanzigste Tag – der neunundzwanzigste Besuch bei uns. Abschied!

Ernst, der sonst mehr Zurückhaltende, hatte seinen dunklen Kopf auf Mutterchens Schulter gelegt. „Nun ist's für uns wieder zu Ende mit ‚Heijuchhei!'"

„Es wird was anderes kommen, das auch schön ist, mein lieber Junge!"

„Gewiss, Tantchen! Aber so?! – Doch was ich noch sagen wollte, den Artikel über Gutenberg schicke ich euch, sobald ich ihn von meinem Freund zurückbekomme."

Max, der sonst allzeit Fröhliche, Strahlende, vermochte überhaupt nichts zu sagen. Wir begleiteten sie alle noch bis zum Steinerberg und sahen ihnen lange nach.

Ottchen

Mitten in mein Bangen nach den lieben, lustigen Vettern hinein brachte mir ein Morgen eine wehmütige Entdeckung: Großmutter Gillmann hatte rot geweinte Augen.

Erst wagte ich es gar nicht, genau hinzusehen, aber dann zog es meinen Blick doch immer wieder darauf hin. Oh, bitterlich – b i t t e r l i c h musste sie geweint haben, die arme Großchen! Und ich hatte immer gedacht, Menschen mit solchen Gesichtern könnten überhaupt nicht weinen, das wäre zu klein für sie.

Ein ganz sonderbares Gefühl überkam mich, beinahe so, als wenn Großmutter Gillmann jetzt erst wieder wirklich und leibhaftig dort in ihrer Spinnecke säße. Ihr Stummsein hatte mich zwar nicht mehr gelähmt und gedrückt wie früher, mich aber ein wenig gleichgültiger gegen sie gemacht.

Konnte das sein, dass sie kleiner geworden in der letzten Zeit? Es sah mir so aus. Und wie leise und todestraurig ihr Wocken heute redete! Auch Mutterchen schien immer wieder nach ihm hinzuhorchen.

„Großchen", sagte sie jetzt, indem sie ihr eigenes Spinnrad anhielt und voll unsäglichen Mitleids nach der alten Frau hinübersah, „Sie können es jetzt wohl nicht mehr ertragen?"

„Nein, liebe Frau Lehrer, nu kann ich's bald nich mehr aushalten!"

„Haben Sie denn auch in dieser Nacht wieder von Ottchen geträumt, Großchen?"

„Ja – ich hört' ihn dreimal rufen!"

Nach einer Weile nahm Mutter eine ganz zuversichtliche Stimme an. „Na, heut Abend kommt ja auch wieder Frau Lotte rüber, dann kriegen Sie doch wenigstens mal wieder genaue Nachricht über ihn!"

Jetzt weinte die alte Frau laut auf. „Sie kommt nich mehr, Frau Lehrer! Sie kommt überhaupt nich mehr! Seien sie nich bös, dass ich's Ihnen nich gleich sagte. Er hat sich ausgelassen, wenn sie noch einmal herkommt …"

Großmutter Gillmann brach ab. Aber wir konnten uns den Schluss wohl denken. In vergangener Woche hatte das Gericht in Gumbinnen zu ihren Gunsten entschieden, da kannte der Groll ihres Schwiegersohnes wohl keine Grenzen.

Vater, der schon vor einer Weile ins Zimmer getreten, ging nachdenklich ein paarmal auf und ab. Es war ihm anzusehen, sein Wunsch, der alten Frau zu helfen, war so groß wie ihr Jammer. „Na, Großchen", meinte er endlich, „dann springt eben mal die Friedel hinüber und holt Ihnen Nachricht! Was meinst du, Maus?"

Mir war sehr beklommen zumute. So lange schon war ich nicht mehr in dem Hause da drüben gewesen. Seit Großmutter Gillmanns Schwiegersohn die Eltern, die eine Verständigung zwischen ihm und der alten Frau hatten herbeiführen wollen, vom Hof gewiesen, hatte ich nicht mehr hingedurft. Und nun plötzlich – !

Auch Mutter meinte, wir wollten abwarten, bis Ottchens Vater wieder einmal wegfahren würde.

Doch Vater schüttelte den Kopf. „Nein, Mutterchen, dafür bin ich nicht. Wenn – dann offen. Ist er nüchtern, so lässt er die Friedel ganz sicher zu Ottchen hinein, denn für sein Kind hat er ja doch noch immer ein Herz gehabt. Und ist er betrunken, nun, da hört sie's ja von Weitem und kehrt eben um!"

Während ich mir das Haar glättete und eine weiße Schürze umband, öffnete Großmutter Gillmann ihre große Truhe mit dem Messingbeschlag. Ein kurzer Kampf schien ihre Gedanken hin und her zu ziehen. Dann nahm sie einen Gegenstand heraus und stand nun ganz versunken da.

„Großchen, ich – ich möchte jetzt gehen!"

Da reichte sie mir mit abgewandtem Gesicht ein Tuch aus schwerer, hellgrüner Seide mit einer Borte aus leuchtendem Gelb hin. „Er hat's immer so gern gehabt …!"

Unter dem breiten, dichten Kastanienbaum mitten im Garten stand Ottchens Korbstuhl. Ein böses Husten, das ich schon von Weitem gehört, hatte mir den Weg gezeigt. Da brauchte ich gar nicht erst auf den schrecklichen Hof – der Garten lag von ihm getrennt auf der andern Seite der Straße.

Und da saß nun Ottchen mutterseelenallein. Aber lieber – lieber Gott, wie sah der arme Kleine aus! Ach, jetzt bloß nicht weinen müssen, damit er nicht merkt …!

Er merkte es nicht. Er verfolgte gerade mit brennender Wissbegier ein Vöglein, das seitab von ihm im Sonnenschein von Ast zu Ast flog.

„Du", sagte er mit fliegendem Atem, „was ist das für ein Vogelchen dort links auf dem Weißdorn?" Er sagte es in einem Tone, als käme ich tagein, tagaus auf dem vergrasten Weg zwischen den Stachelbeersträuchern dahergegangen.

Ich streichelte ihn und entschuldigte mich, dass ich es nicht wüsste.

„Na, denn spring rasch mal nach Haus und sieh nach. Dein Vater muss doch Bücher haben, wo so was drin steht!"

„Aber Ottchen, lass mich doch lieber ein Weilchen bei dir bleiben. Morgen komm ich's dir sagen!"

„Ja – schön morgen! Vielleicht über's Jahr!" Ein bittertrauriger Ausdruck erschien auf seinem spitzen, gelblichen Gesicht mit den überirdisch großen Frageaugen. Ich musste mich abwenden und biss in mein Taschentuch.

„Ottchen", sagte ich dann unbewusst ablenkend, „wir können es gar nicht mehr erwarten, bis du wieder zur Schule kommst. Vaterchen sagt immer: ‚Da fehlt der kleine Rechenmeister!'"

Jetzt lachte er ein bisschen. „Ja, ihr mögt da wohl was Nettes zusammenrechnen ohne mich! Aber sieh mal, da kann ich euch nicht helfen, ich muss ja doch nächstens auf's Gymnasium. Soviel ich irgend kann, lerne ich jetzt schon immer Vorrat!" Dabei deutete er auf mehrere Bücher, die er seitwärts zwischen sich und das rote Kissen geschoben hatte.

Doch jetzt schüttelte ihn wieder der Husten, und das Taschentuch, das er vor den Mund hielt, färbte sich mit hellem Rot.

Ich drückte seinen großen Kopf mit zitternden Händen an mich. „Ach Ottchen – Ottchen!"

„Aber du, das ist nicht so schlimm, wie es aussieht", sagte er endlich ganz erschöpft. „Sie mal, da geht der Krankheitsstoff raus! Es ist sogar möglich, dass der Buckel davon ein bisschen kleiner wird. So ganz allmählich, weißt du!"

„Hat dir das der Doktor gesagt?"

„Nein, der Vater!"

„Das ist gut von deinem Vater, dass er dir das gesagt hat, Ottchen!"

Das Blut stieg ihm ins Gesicht. „Er ist überhaupt gut. Das heißt ... ich meine ... wenigstens manchmal ist er gut! Er ist" – und er rieb die dünnen Händchen aneinander – „weißt du, er ist z w e i e r l e i !"

„Ich verstehe dich, Ottchen", sagte ich leise.

„Ach, dann sag mir auch, ob der rote Streifen auf Großchens Gesicht nun nicht mehr zu sehen ist. Er war doch schon ganz blass, als ich das letzte Mal in der Schul war!"

„Gar nicht mehr, Ottchen! Fast, fast gar nicht mehr beinahe! Aber ich hab dich ja noch nicht mal von Großchen gegrüßt. Und sie ist dir doch so gut. Sie hat dich so lieb ... und sieh mal, dies schickt sie dir!"

Ich öffnete behutsam das Päckchen, das ich ins Gras gelegt und über Ottchens Jammer vergessen hatte, ging aus dem Bereich der Kastanie und hielt das kostbare Tuch ausgebreitet in die Sonne. Die Farben darin brannten förmlich.

Ottchen stieß einen Freudenschrei aus. „Zum Behalten? Für mich zum Behalten? Ach, das hatt ich ja schon immer so gern! Alle Sonntag' musste sie mir's zeigen!"

„Nun sollst du's zum Alltag tragen. Es ist so warm!"

„Und so schön! Find'st du nicht, dass es ganz furchtbar schön ist?"

„Furchtbar schön, Ottchen. Soll ich's dir nun um die Schultern legen?

„Nein, über die Knie. Und dann schieb mich mit dem Stuhl in die Sonne. Den musst du mir jetzt überhaupt noch mit Blumen bestecken!"

Ich jagte förmlich durch den Garten. Gesellenschuhchen, Gilken, Stockrosen – oh, und den Sonnenglanz dort vom Zaun! Es ließ sich alles mit leichter Mühe in dem Rohrgeflecht befestigen. Und hübsch sah's aus – hübsch! Und noch einmal fort wie der Wind. Diesmal waren es Himbeerzweige mit dicken, roten Beeren, die ich an den Armlehnen befestigte. „Ottchen, Ottchen, nun kannst du dir selbst Himbeeren pflücken!"

Er tat es und strahlte vor Freude.

„Was wollen wir nun spielen? König und Hofdame oder Mutter und Kind?" Ich brannte auf das Letztere. Eine unendliche Zärtlichkeit war in mir aufgewacht. Ich gehe auch nicht fort, wenn Ottchens Vater mich wegschickt! Ich habe überhaupt gar keine Angst mehr vor ihm. Ich stelle mich ganz einfach hin und sage …! „Lass uns Mutter und Kind spielen", bettele ich.

Er mochte es nicht. „Wo ich zehnmal besser rechnen kann als du? Nein, ich bin ein Prinz, und du bist mein Edelknabe. Und ich befehle dir, mir so lange Geschichten zu erzählen, bis ich mit der Hand winke! Da musst du sehr aufpassen – bis ich mit der Hand winke!"

So verging uns die Zeit im Fluge.

Als ich mittags nach Hause kam, stand Großmutter Gillmann an unserm Gartenzaun – und wartete auf mich. Sie war wahrhaftig kleiner geworden!

„Großchen, Großchen", sagte ich atemlos, „ich muss jetzt alle Tage hin. Ottchen hat es mir ausdrücklich befohlen. Ich soll sein Edelknabe sein und ihm immer Geschichten erzählen. Bis er mit der Hand winkt! Da muss ich sehr aufpassen – bis er mit der Hand winkt!"

Und Großmutter Gillmann umschlang mich mit beiden Armen und küsste mich. –

Es war für mich ein großes Glück, dass mir gerade in dieser Zeit der Doktor in Gumbinnen den lästigen Geradehalter abnahm mit der drolligen Weisung, ich sollte fortan so tun, als wenn ich gar keine rechte Schulter hätte. Oh, das war fein! Denn wenn ich Ottchen nun hin und wieder einmal ein Stückchen durch den Garten führte – ach Gott, man hätte es sich nicht vorstellen können, wie langsam das ging! – da brauchte ich ja wirklich meine ganze Kraft. Dann konnte ich, wenn er mir die dünnen Ärmchen um den Hals legte, ihn jetzt doch auch ganz allein aufrichten und ihm die Kissen im Stuhl zurechtlegen. Seine Mutter hatte ja stets so furchtbar viel in der Wirtschaft zu tun.

Und das Ottchen meinte, bei seinen Anfällen ein bisschen leichter Luft zu kriegen, wenn er sich ganz weit vornüber auf meine Arme legte! Eher sterben als sagen: „Das zwinge ich nicht!"

Es waren für mich traurig-selige Stunden, die ich bei meinem kleinen, kranken Freunde zubringen durfte. Und wer hätte es für möglich gehalten? Sein Vater ließ mich ungehindert ins Haus kommen, ja mehrmals dankte er mir sogar auf meinen Gruß!

Ach, aber das eine Mal, als ich ihn ganz unvermutet im Flur traf!

Ich hatte nicht gern ins Haus gehen wollen. Durch alle Glieder war's uns gefahren, das Lärmen und Schreien. Doch Ottchen musste eben die Tropfen haben!

Und da …! Zusammengekauert saß er auf der Bodentreppe, die Hände vor dem Gesicht, das Haar wirr in die Stirn hängend. Und er schluchzte.

Ich schlich mich bebend vor Mitleid an ihm vorbei, holte die Tropfen aus der Stube, kam wieder heraus.

Er saß noch immer schluchzend da und hat es nicht bemerkt, dass ich ihn in all seinem Elend gesehen. –

Mit den Regentagen im Oktober kam es dann, dass Ottchen keine Geschichten mehr von mir hören wollte. Gleich wenn ich begann, hob er müde die Hand. Die war zum Erbarmen dünn und schmal und weiß. Da saß ich denn still neben ihm.

In dieser Zeit kam über Großmutter Gillmann eine so große Unruhe, dass sie es kaum mehr an ihrem Wocken aushielt. Sie wanderte hin und her. Aus der Stube auf die Straße, von der Straße in die Stube.

Und eines Tages, als sie sich doch wieder einmal an ihre Arbeit gesetzt, ging ein so starker Ruck durch ihr Spinnrad, dass ihr der Faden zerriss. Tief gebückt stand sie plötzlich neben Mutterchen. Ihre Hände hatten sich zusammengekrampft. „Was meinen Sie, liebe Frau Lehrer, ob ich …?"

Mutterchen war aufgesprungen und sah sie groß an. Sie verstand die alte Frau nicht gleich. Doch Vater, der die Zeitung beiseitegelegt, meinte liebevoll: „Da können wir Ihnen schwer raten, Großchen! Ich an Ihrer Stelle würde es aber tun!"

Nun kam auch Mutterchen das Verstehen und sie fasste besorgt die Hände der alten Frau. „Aber Großchen, wenn er Sie wieder …"

„Er wird nicht", rief ich weinend dazwischen. „Seit Ottchen zu Bett liegt, ist sein Vater ganz still geworden!"

Großmutter Gillmann sah still vor sich hin. „Nein, er wird nicht …! Und ich – ich werd jetzt auch anders sein. Ich hab in Ihrem Haus was gelernt, liebe Frau Lehrer!"

Da war's um Mutterchens Fassung geschehen. Sie stand jetzt ebenfalls ganz gebückt da, um ja nicht größer auszusehen als die alte Frau, und küsste ihr aufschluchzend die Hände. „Wir auch von Ihnen, Großchen – wir auch von Ihnen. Nicht wahr, Vaterchen?"

Vater nickte bewegt. „Es ist mir nur um Ihr erstes Begegnen mit ihm bange", meinte er dann überlegend. „Was wollen sie ihm sagen, wenn Sie auf den Hof kommen, Großchen?"

Großmutter Gillmann richtete sich hoch auf und stand so tannenaufrecht da wie früher. „Ich werd ihm das Erkenntnis vom Gericht zerrissen hinhalten – und an ihm vorbei zu Ottchen gehen! Mehr kann der liebe Gott nicht von mir verlangen!" –

Wir haben es einmal weinend miteinander ausgerechnet, Großmutter Gillman und ich: Noch achtundvierzig Tage und siebenundvierzig Nächte hat sie am Lager ihres geliebten kleinen Kranken sitzen dürfen. In der achtundvierzigsten Nacht hat sie ihn hinübergebetet in das Land, da es keine armen Krüppel mehr gibt.

Und in derselben Nacht, als sie am Zusammensinken war, hat Ottchens Vater ihr einen Stuhl hingeschoben. –

Ich bin nicht dabeigewesen. Aber vorher – v o r h e r .. !

Aus dem Konfirmandenjahr

Vier Wochen vor Ottchens Tode hatte ich begonnen, zum Konfirmandenunterricht zu gehen, worauf ich mich schon so lange gefreut hatte. Zweimal wöchentlich von unserm geliebten Herrn Pfarrer selber unterrichtet zu werden, das war keine Kleinigkeit. Dazu hatte Vater mir gesagt, das Konfirmandenjahr sei ein feierlicher, eingefriedeter Weg zu Gott hin, auf dem man reiche Schätze einsammeln könne, bevor die große Weite käme mit ihren Höhen und Tiefen, Wüsten und Fruchtfeldern.

„Das Leben, Vaterchen?"

„Das Leben, mein Kind!" –

Aber nun ...! Wie sollte ich das bloß verstehen? Daheim in der Schule wusste ich doch stets Bescheid – und h i e r ?

Zwar hatte der Herr Pfarrer mich gleich in der ersten Stunde mit der hübschen, klugen Lotte Sollberg, die doch

157

Privatunterricht genossen hatte, obenan gesetzt, jedoch zu meinen Antworten schüttelte er immer den Kopf! Und wenn darauf eins von den andern Kindern dasselbe sagte – dem Inhalt nach genau dasselbe – , so nickte er und sagte: „Ganz recht!" Und je mehr ich mich zusammennahm, um mich nach meiner Meinung besonders gut auszudrücken, je weniger schien er mit mir zufrieden zu sein. Und das bedrückte mich allmählich ungemein.

Doch dann schon nach der vierten Stunde wurde es auf einmal in meinen Gedanken hell. Nur so konnte das zusammenhängen: Bei der kleinen Schülerzahl, die Vater zu unterrichten hatte, war es ihm möglich, auf die besondere Art eins jeden Kindes einzugehen, und so durften wir bei ihm auch unsere Antworten in verschiedene Kleider hüllen. Doch hier waren wir unser gegen h u n d e r t! Da ging es wohl nicht anders einzurichten, als für jeden Begriff ein ganz b e s t i m m t e s Gewand zu wählen, damit auch ein schwaches Auge ihn daran erkennen kann!

Oh, wie froh machte es mich, dass ich das nun ganz aus mir selbst herausgefunden hatte! Wenn es nur um die F o r m der Antwort war, da sollte es jetzt gewiss nicht lange mehr dauern, bis auch ich zu einem zustimmenden Kopfnicken kam.

Und doch – es dauerte noch eine ganze Weile bis dahin! Zu des Herrn Pfarrers Unterrichtsweise gehörte es, auch Aufsätze schreiben zu lassen – und dies wurde wiederum eine kleine Klippe für mich.

Unsere erste Arbeit fiel nämlich gerade in die Woche hinein, wo Ottchen gestorben war. Und während der Herr Pfarrer uns die Aufgabe stellte, über das Vertrauen auf Gott zu schreiben, hatte ich noch immer den Klang der Erdschollen im Ohr, die so dumpf auf den Sarg gefallen waren, und war nicht imstande gewesen, ihm aufmerksam zu folgen.

Nun setzte ich mich in unserer stillen Putzstube zum Schreiben nieder. Ein paar erläuternde Worte über den Begriff „Gottvertrauen" und dann als Beispiel hierzu die Geschichte von Großmutter Gillmann und meinem lieben, kleinen Freund! Vater sagte ja stets: „Das Nächstliegende, Kinder!" Es kam mir nicht in den Sinn, mich zu fragen, ob alles wirklich so gewesen, wie ich es schilderte – mit aller Inbrunst meines betrübten Herzens, das selber sehnsüchtig in die Sonne verlangte, glaubte ich ein Gottvertrauen in die beiden hinein, das imstande war, Nacht in Licht zu verwandeln. „Meine Seele senket sich in Gottes Herz und Hände und erwartet ruhiglich seiner Wege Ziel und Ende!" Und leichter und immer leichter wird ihre Last! Es ist eine geheime Kraft da, die sie trägt und emporhebt. Und endlich kommt das arme Krüppelkind in das Land der Freude, und die alte Frau wandelt schon hier auf der Erde durch leuchtendes Abendrot! –

Hochaufatmend ging ich zu den Eltern hinüber, um ihnen meinen Aufsatz vorzulesen. Doch Vater sagte freundlich: „Später, mein Kind, wenn du ihn vom Herrn Pfarrer zurückbekommen hast!" –

Die Stunde, in der dies geschehen sollte, war da, und mein Herz schlug laut, als der Herr Pfarrer jetzt zwei von den neben ihm liegenden Heften zur Hand nahm. „Die besten Aufsätze haben Karl Krumm und Lotte Stollberg geschrieben! Sie haben kurz und klar wiedergegeben, was wir in den v o r h e r g e h e n d e n S t u n d e n b e h a n d e l t h a t t e n und was ich als besonders wichtig von euch festgehalten zu haben wünschte!"

Mir ist auf einmal glutheiß geworden. „Kurz und klar!" Und ich – ich habe vierzehn Seiten geschrieben! Und hat der Herr Pfarrer nicht „w i e d e r g e g e b e n" gesagt? Ich habe nichts als die Überschrift w i e d e r g e g e b e n!

Es wurden bange Minuten, bis auch ich endlich mein Heft zurückerhielt. Mit unsicherer Hand schlug ich es auf – und fand keine Zensur unter meinem Aufsatz.

„Er hat ihn zu korrigieren vergessen", tröstete Lotte Sollberg mich leise.

Doch ich wusste es besser. Alles, alles wusste ich auf einmal …! Und in dieser Minute noch musste ich mir Verzeihung erbitten, denn wer kann atmen, wenn man weiß, dass einem jemand zürnt!

Ganz aufgelöst denke ich es in das Schlussgebet und in den Aufbruch der Konfirmanden hinein. Dann vier, fünf Schritte vorwärts – und ich stehe bereits vor dem verehrten Mann – er ist mir entgegengekommen.

Mit gütigem Ernst schaut er mich an. „Nun, da bist du ja, mein Kind! Haben wir uns denn jetzt verstanden?"

„Ja, Herr Pfarrer!"

„Nun, da ist ja alles gut! Sieh, ich mochte dich nicht tadeln, denn in gewissem Sinne …! Und dann wollte ich auch gern, dass du dich f r e i w i l l i g hier in das Ganze hineinstellen solltest. Ich wiederhole es: A u s d i r s e l b s t! In ein A l l g e m e i n e s! – Und nun wollen wir einen fröhlichen Tausch machen: Ich gebe die hier ein neues Aufsatzheft und du schenkst mir deins!" –

Und jetzt begann eine gar schöne Zeit für mich. Im gleichen Schritt und Tritt mit den Gefährten ging es nun vorwärts, und dieser Rhythmus erfüllte mich gar bald mit Ruhe und fröhlicher Sicherheit. Meine Antworten und Aufsätze wurden kurz und klar, und ich fühlte mich fortan in dem Wohlwollen unseres lieben Führers so geborgen wie nur eins in unserer Schar. –

Doch auch Freuden anderer, s e h r a n d e r e r Art blühten auf meinem Wege auf! Die meisten von ihnen lernte ich erst durch die liebe lustige Lotte Sollberg kennen, mit der ich gewöhnlich wohl eine volle Stunde vor dem Beginn des Unterrichts am roten Krug zusammentraf.

Unser Vergnügen begann damit, dass wir uns in der Putzstube des Gastwirts möglichst großartig auf das Sofa setzten und unser mitgebrachtes Butterbrot verzehrten. Dann drückten wir auf die Glocke! Lotte wusste das in einer Weise zu tun, dass es klang, als ob wir nicht Lust hätten, lange zu warten. Und sobald das bedienende junge Mädchen erschien, bestellten wir uns kühl und höflich ein Glas Wasser. Es war himmlisch!

Nun aber kam erst das Eigentliche. Wir hatten z u f ä l l i g jeder zehn Pfennige in der Tasche, und dort drüben war der Kaufladen des alten Herrn Schulz. Ob wir vielleicht …? Ja, wir entschlossen uns dazu. Und das Ladenglöcklein bim-

melt! Und sofort macht der lustige alte Herr ein kummer-
volles Gesicht, denn heute geht's beim besten Willen nicht,
dass er uns die teure Fünfzehnpfennigschokolade für den
„billigen Preis" ablassen kann. Heut nicht! Doch dann
überkommt's ihn. „Ach was! Wem ist der alte Schulz Re-
chenschaft schuldig? Nehmen Sie, Fräulein!"

Im Frühling bekamen wir noch eine Gefährtin, die in
Königsberg auf der Schule gewesen war, die vornehme Lisa
Gerhardt aus S. Wir hatten vom Herrn Pfarrer die Weisung
bekommen, sie zur ersten Stunde aus dem Amtszimmer
abzuholen, und führten sie unter vielen Entschuldigungen
nach der Konfirmandenstube. Wie peinlich war es uns,
dass wir dort nur Holzbänke hatten!

„Und Sie heißen Friedel?", fragte sie mich.

„Danke sehr! Ja, ich heiße Friedel!" Darauf fragte sie
Lotte, ob sie nicht Lotte hieße. Kurz, es ließ sich alles sehr
gut an. Ach, wenn sie uns nun bloß nicht französisch oder
englisch ansprechen wollte!

Doch Lisa hatte den Takt, andauernd deutsch zu uns zu
sprechen, und bald redeten wir uns „Mensch" und „du" an
und aßen miteinander Fünfzehnpfennigschokolade.

Oft, wenn wir jetzt gemeinsam über den Kirchenplatz
schritten, geschah es, dass uns die beiden jungen Lehrer des
Orts begegneten. Wir kannten sie nicht persönlich – doch
sie zu treffen war wundervoll. Denn sie waren immerhin
schon L e h r e r und wir – so lächerlich es klingen mochte –
immerhin noch S c h ü l e r i n n e n. Darum konnten sie es
beanspruchen … Lisa sagte, sie möchte es gar nicht aussprechen! Und wirklich, wenn wir sie z u e r s t hätten grüßen müssen – auch Lotte und mir wär's grässlich gewesen!
Doch kaum, dass sie gewahren, wie wir uns untereinander
anstoßen, greifen sie feierlich nach ihrem Hut, senken ihn
mit steifem Arm langsam bis zum Knie und halten ihn dort
noch zwei Sekunden in der Schwebe.

Und genau in demselben Augenblick neigen wir die
Stirn – Lisa sagt, es dürfe kaum zu sehen sein – und gehen
vorüber. Entzückend! –

In dieser Zeit gingen auch unsere Stammbücher wahllos

von Hand zu Hand. Und es machte ganz gewiss nichts aus, wenn wir beim Lesen des Eingeschriebenen auch einmal heimlich eine Träne des heißesten Vergnügens zerdrückten – feierlich blieb's doch! So hatte Minna Nieder mir folgenden Kernspruch eingetragen:

> „Ein Fichtenbaum steht einsam
> Im Norden auf kahler Höh.
> Ihn schläfert!
> Zur Erinnerung an Minna Nieder." –

Und Lotte erhielt von Anna Gollert die Mahnung:

> „Lotte, die du noch im Kreise
> Deiner lieben Eltern weilst,
> Unberührt von Trank und Speise
> Durch dies Erdendasein eilst –
> Lohn den Eltern ihre Müh,
> Denn das bist du schuldig sie!" –

Auch bei uns zu Hause herrschte jetzt große Freude: Hanna war mit den holden Kleinen des Bruders zu Besuch gekommen. Oh – war das ein Wiedersehen gewesen, eine Stunde aus Lachen, Wehmut, Jauchzen und Bewundern!

Und dass Klein-Liesel anfangs nichts von uns wissen wollte und ihr Köpfchen an Hannas Schulter versteckte, das fanden wir durchaus nicht ungezogen, da konnte Hanna ganz ruhig sein! „Nicht wahr, Mutterchen, wir finden es reizend!"

Und Siegfried trug schon ein Jungenskittelchen und konnte bereits einen guten Diener machen. Und gleich in der ersten Viertelstunde hatte er mir ins Ohr gesagt: „Du, Tante Fidel; ich hab dich auch was Schönes mitgebracht zu deine Segnung! Ein Keuzchen aus hote, hote Steinchen! Abe keinem sagen!" Und sein ganzes Gesichtchen war ein einziges, großes Geheimnis.

Doch das war es wohl eigentlich i m m e r! Er hatte die sinnenden Augen seiner Mutter und wenn er auf dem Tisch oder auf dem Fensterbrett „Klavier spielte" und mit seinem hohen, geigensüßen Stimmchen dazu sang, überkam es Vater oft derart, dass er ihn unter die Ärmchen nahm und hoch in die Luft emporhob. Und Siegfried zwitscherte „Opapa, Opapa, wenn du mich alle Tage lenst (lernst), k a n n ich, bis der Papa kommt!" Er meinte das Fliegen.

Rührend und zugleich spaßhaft war es, dass Siegfried eine unsichtbare Gespielin besaß, die jedoch eine irdische Wohnung innehatte – den bequemen Platz auf der blanken Schraube der Ofentür. Auch daheim in Danzig wohnte sie dort. Sobald er mit „Sisi" zu spielen gedachte, ging er auf Fußspitzen mit vorgestrecktem Zeigefinger dorthin und holte sie ab, und in gleicher Weise geleitete er sie auch nach Hause. Wir fragten Hanna, ob Sisi ein Vögelchen wäre, doch sie schüttelte den Kopf. „Nein – sie erzählen ja einander Geschichten!"

Oh, wie heiter sie jetzt immer war, unsere Hanna, und wie schön in ihrer sonnigen Würde. „Es ist, als ob sich etwas in ihr vollendet hätte", meinte Vater einmal mit leuchtenden Augen. Und Mutterchen nickte sinnend. „Seit wir sie wiederhaben, ist mir's, als hört ich immerfort leise, feine Musik!"

Und eines Tages wirbelte auch noch die liebe Martha hinein in unser Glück – sie hatte längeren Urlaub erhalten. „Na, Herzenskind", sagte Vater lachend, „du siehst ja aus, als ob dir die Welt gehörte!" Sie warf ihm die Arme jubelnd um den Hals. „Sie g e h ö r t mir auch, Vaterchen! Weißt du, es macht doch nichts solchen Spaß, als irgendwas richtig zu k ö n n e n!"

Und nun waren es nur noch acht Tage bis zu unserer Einsegnung! In die Stimme unseres lieben Herrn Pfarrers mischte sich jetzt ein unendlich warmer, tiefer Ton, und wir hatten das Gefühl, als ob unser Weg sich weitete, weitete – zu einem stillen, lichten Hof vor Gottes Tür! Da standen wir nun pochenden Herzens – und horchten – und warteten …!

Oft, wenn ich jetzt daheim mit meinem Testament an irgendeinem einsamen Abhang saß, durchschauerte es mich plötzlich geheimnisvoll. Wie Frühlingskraft wird es mir in die Seele strömen, wie ein Sonnenleuchten mein Wesen umhüllen! Und also geweiht werde ich dann hineinwandern in das Land, das man das eigentliche L e b e n nennt!

„Das e r n s t e Leben", so bezeichnen es die Eltern. „Das r a u e, l e i d v o l l e Leben", sagt unser treuer Führer im Unterricht. Doch wie ich mich auch bemühe, diesen Klang festzuhalten – meine Seele versteht immer: das f r o h e Leben! das g o l d e n e Leben! Und sie jauchzt ihm entgegen.

Oh, ihr Wandervögel, dahinziehend im blauen Tempelgewölbe über mir, ihr schautet so viel – sagt, o sagt mir doch: Ist es golden? –

Es war am Morgen vor meiner Einsegnung. Da öffnete Martha feierlich die Tür nach der Putzstube, und die Eltern nahmen mich an der Hand und führten mich hinüber. Und da lag es alles: das Gesangbuch, das die rührende Hanna sich vom Wirtschaftsgeld abgespart, das gestickte Taschentüchlein, über dem die bewegliche, gute Martha so lange stillgesessen, Visitenkarten von Lotte und Lisa – gleich morgen wollte ich jedem meiner Lieben eine zum Andenken schenken –, das kleine Granatkreuz von Bruder Gustel und der Robinson, den Ottchen immer unterm Kopfkissen gehabt! Auch ein Brief von Albert, der mit seiner lieben Mila nun so glücklich geworden!

Und das weiße Kleid von den Eltern hatte ich f e r t i g noch gar nicht gesehen. Ganz still und weit wurde mir die Seele, als ich es anschaute. Es war so schneeweiß! „Ich hab dir innen ein Stücklein von deinem Taufkleid hineingenäht", sagte Mutterchen bewegt. Und sie hielt mich lange an ihrem Herzen.

Und dann nahm Vater mich an das seine. –

Später schritt ich blumenpflückend allein durch den Garten – am Nachmittage wollten wir Kränze winden für die Kirche. Die blauen und roten Astern auf den Beeten leuchteten in der Sonne. Ganz still war's ringsum. Ich kam an dem jungen Apfelbaum vorbei, den Vater erst vor drei Jahren gepflanzt hatte, und an dessen Zweigen ein paar schöne, edle F r ü c h t e hingen. Täglich hatte ich's gesehen – h e u t e wurde mir gar seltsam dabei zumute.

Und hier am Zaun die Ebereschen! Sie waren über und über mit roter Freude behangen. So hatten die Tage meiner Kindheit ausgesehen!

O liebe, liebe Mutter! Teurer Vater!

Da wurde im Schulzimmer leise ein Fenster geöffnet. Bücher klappten. Und nun kam es daher: „Lobe den Herren, der alles so herrlich regieret, der dich auf Adlers Fittichen sicher geführet!"

Und ich e r l e b t e die Gegenwart des Herrn so gewiss, als ich – ohne sie doch zu sehen – die Liebe meines Vaters empfand.

Die Feier meiner Konfirmation hatte für mich begonnen.

Und die Glocken läuteten, und wir zogen hinauf zum Altar.

Und nun ... nun ...

Erschauernd, wie ein junges Reis im Pfingstwinde, kniete ich nieder.

> „So nimm denn meine Hände
> Und führe mich
> Bis an mein sel'ges Ende
> Und ewiglich!" –

Und aus der Höhe kam es segnend: „Es sollen wohl Berge weichen und Hügel hinfallen, aber meine Gnade soll nicht von dir weichen, und der Bund meines Friedens soll nicht hinfallen, spricht der Herr, dein Erbarmer!"

Goldenes Licht flutete über meinen Scheitel: Das war keine M o r g e n s o n n e mehr!

Ischdaggen (Branden)
Kubbeln
Judtschen (Kanthausen)
Angerapp
Pissa
GUMBINNEN
Gr.Mixeln
Stobricken (Krammsdorf)
Kampischkehmen (Angereck)
Kuttkuhnen (Eggenhof)
Kl.Mixeln
Köllatischken (Langenweiler)
Kiaulkehmen (Jungort)
Angerapp
Gerwischken (Richtfelde)
Adomlauken (Adamshausen)
Nemmersdorf

Flüsse

0 1 2 3 4 5 km

Hauptstraßen

Nebenstraßen und Wege

Orte

Ostpreußen (Ausschnitt)
Bereich Gumbinnen – Nemmersdorf

Kiaulkehmen wurde am 11.1.1935 zu Ehren
Frieda Jungs in Jungort umbenannt.
Die anderen alten Ortsnamen prussischen, litauischen
oder polnischen Ursprungs wurden in mehreren großen
Aktionen ab1934, überwiegend 1938 durch deutsche
Bezeichnungen ersetzt.

Inhalt

Frieda Jung – Leben und Werk

Klaus Marczinowski,
Frieda Jung – Leben und Werk
Freud und Leid im Leben einer
ostpreußischen Dichterin
Mit einem Vorwort von
Eberhard Jung und einem
Nachwort des Autors

156 Seiten, zahlr. Abb., br.
Format 12,4 x 20 cm
(ISBN 978-3-89876-399-8)

Das Werk der ostpreußischen Erzählerin und Lyrikerin Frieda Jung wird 80 Jahre nach ihrem Tod mit ausgewählten Texten wieder greifbar. Die biografischen Darstellungen Klaus Marczinowskis bilden den Rahmen für die feinfühlig gewählten Auszüge aus Frieda Jungs Werken. Deren bekannteste sind die Sammlungen von Lyrik und Prosa „Freud und Leid" (1905) sowie „Gestern und Heute" (1928) und die Erzählung „In der Morgensonne" (1910). Frieda Jung beschreibt in ihren Büchern prägnant ihr Leben, das in dem kleinen Ort Kiaulkehmen beginnt und geprägt ist durch Flucht und bittere Tage des Verlustes ebenso wie durch freudige Erlebnisse. Durch ihr ganzes Leben zieht sich wie ein roter Faden das Gottvertrauen, das ihr so häufig Kraft und Stärke gab. Anhand der anschaulichen Beschreibungen des Autors und der persönlichen Aufzeichnungen von Frieda Jung selbst lernt der Leser nicht nur eine ganz erstaunliche und rührende Persönlichkeit kennen, deren Schriften uns in längst verlorene Zeiten versetzen, auch das alte Ostpreußen wird in seltener Dichte wieder lebendig.

Husum Verlag

Verlagsgruppe Husum · Postfach 1480 · 25804 Husum
www.verlagsgruppe.de